Slagkraft i åndens verden

Slagkraft i åndens verden

Slagkraft i åndens verden
Seier i krigen

Tom Arild Fjeld

Bibelsteder er hentet fra Norske Bibel oversettelse av 1930, King James og New American Standard.

Slagkraft i åndens verden

978-82-93410-44-7

Slagkraft i åndens verden

Slagkraft
åndens verden

Forfatter: Tom Arild Fjeld
© Tom Arild Fjeld
Utgave: 1- utgave 7.7.2016
ISBN 978-82-93410-44-7
Tro og visjon forlag
Layout: Frank Håvik
Tekst: Times New Roman 14
Overskrifter: Lucida Handwriting 18
Hos Tom Arild Fjeld,
mail: tomarildfjeld@gmail.com

Slagkraft i åndens verden

Forord

Jeg ønsker ikke med denne boken å gi deg en ABC til å gå ut i åndens verden, eller å leve der. Heller ikke for at du skal få en masse opplevelser. Hvis jeg hadde gjort det, ville det blitt til en kjødelig begeistring og en kjødelig lære. Når det skjer, har du allerede mistet det du startet på. Vi mennesker er gode til raskt å bli begeistret - for så å gjøre ting til en lære. Fra det øyeblikket en ting er gjort til en lære, har kjøttet tatt over - og Gud er ikke lenger inne i bildet. **Vi skal være ledet av den Hellige Ånd i alt vi foretar oss. Jeg gir deg her det du trenger av forståelse for å gå videre med Herren, inn på dette spennende området.**

Lærer - instruktør

Det er mine egne personlige, praktiske erfaringer jeg deler, basert på det skrevne Guds Ord, som igjen da er mine åpenbaringer på området. Ordet «lærer» fra Efeserbrevet (som er en av tjenesteoppgavene til de gjenfødte), betyr på gresk «instruktør». En instruktør er en som har godt med erfaring i det han underviser og praktisk instruerer i. Dette løfter tjenesteoppgaven opp på en større

Slagkraft i åndens verden

høyde. Dette er en krevende oppgave. Det krever et overgitt, djervt liv, som adlyder Guds Ord. Dette må til som for å komme inn i Guds hemmeligheter (gresk: mysterium).

Forkynner - poet

Jeg tar med ett ord til, nemlig «poet». Poet betyr: Mine uttrykk, min iakttagelse av, min oppfatning, min sansning, min persepsjon. Ser du hvordan en som forkynner evangeliet om Jesus Kristus skal være, som person, som er formidler av budskapet? Dette krever at vi er på rett plass med overgivelsen av våre liv, så dette kan komme frem i oss. Ydmykheten og åpenbarings-rikdommen må være det ledende, da kommer Åndens autoritet og godkjenner det ord som blir talt. Da budskapet kommer ut av oss på en levende måte (poetisk), vil det også bli levendegjort i tilhørerne. Det vil berøre dem på samme måte som musikk.

Jeg ønsker at denne boken skal være til ekspansjon på en kraftfull måte i ditt åndelige liv. Lever du i åpenbaringen av Guds Ord, vil du som forkynner uttrykke dine åpenbaringer på en levende måte. Du

Slagkraft i åndens verden

9

vil male budskapet for tilhørernes ånd og sjel, fordi dette lever lidenskapelig i din sjel og ånd. I den tiden vi nå lever, er det viktigere enn noen gang i menneskehetens historie, å bli sterke i Jesus - i den Hellige Ånds ild og kraft. Forståelse av det åndelige og den Hellige Ånds styrke, går hånd i hånd.

Prisen for å komme inn og forstå dette, må du betale med ditt eget liv. Da vil du få ditt nære personlige forhold til din Herre og Mester, Jesus Kristus. Ingen andre kan få deg i den posisjonen, uten deg selv - og ingen kan ta det fra deg, det som Herren har gitt deg gjennom oppofrelse.

Selvdisiplin er hva kristne må ha - det er ingen seier uten
Vi lever i et samfunn hvor vi bare skal ha fornøyelser og alt skal være enkelt. Vi skal skjermes for alt som kan koste noe. Ved å leve slik, vil det aldri bli bygget opp noe styrke og karakter i våre liv. **Styrke og karakter bygges ved å takle utfordringer og prøvelser.** Dette er positive ting for å bygge ditt liv. De er ikke dine fiender, men dine **hjelpere** - hvis du takler dem på rett

Slagkraft i åndens verden

måte. Herren " vender alt til det beste, for den som frykter og elsker Ham."

Jeg ønsker å vise deg det som må til med ditt eget liv for å komme i denne posisjon. Og å vise deg våre fiender i den åndelige verden, ved bruk av det Gamle Testamentet. Slik at du lett kan jobbe deg fram til seier i ditt eget liv og være en løser for andre. Jeg vil gi deg **nøklene til friheten og seieren** i ditt eget liv. Lås opp dør etter dør av forståelse, så kommer dagen - og du er der du skal være - "en kriger for Kristus".

Tom Arild Fjeld og Lester Sumrall i South Bend, Indiana. De hadde møter og TV sendinger i Nord Amerika og Hawai

Ung gutt satt fri fra demoner i Øst Afrika.

Slagkraft i åndens verden

Slagkraft i åndens verden

13

Innhold:

1 Medfødt forestillingsevne
2 Hvordan få det du visualiserer i ditt tankeliv, materialisert i den fysiske verden?
3 Kosmos
4 Klokken halv åtte på morgenen
5 Leve i seier i den åndelige verden
6 Dette må du jobbe med, for å f å på plass
7 Hva er virkelighet?
8 Krig i himmelrommet
9 Våre våpen
10 Verdensevangeliseringen var i gang
11 På vei inn i dypet
12 Konsentrer deg om arbeidet med å få roet ned din sjel
13 Nå er du klar for dypet
14 Bruk din gudgitte autoritet
15 Hinder for seier i dypet
16 Be i Ånden mot ånd – be i kjøttet mot ånd
17 Hent ut dine seiere i den åndelige verden
18 Vil du høre Guds stemme
19 Ved Herrens bord - bordet i lønnkammeret, i Ånden
20 Krigen er i gang
21 Nådestolen
22 Forsoningsverket

Slagkraft i åndens verden

23 Den Hellige Ånds ild og kraft er for oss
24 Gud i Kristus ønsker bare å få uttrykt seg
gjennom oss
25 Blodet, nåden og Ordet
26 Livet er i blodet – autoriteten er i blodet
27 Still Antikrists ånd til skue!
28 Dette er vårt fundament
29 Antikristens ånd
30 Det nye livet i Kristus leder deg
fremover, hvis du vil
31 Avsløre Jesabels ånd
32 Frigjør fangene
33 Vi må betale prisen
34 Det er den seirende som får nasjon
35 Hva er Antikrist ånd, Jesabels ånd og
Elias ånd?
36 Dramaet fortsetter
37 Gud ødela Jesabel
38 Skal vi utfri, må vi selv være utfridd
39 En "Akab", en svakhets ånd, trengs for å
tolerere Jesabel
40 Felles krigføring mot Satans makt
41 Hør Guds befaling
42 Kongenes Konge
43 Vitnesbyrd
44 Vitnesbyrd fra verden rundt
45 En refleksjon til slutt

Slagkraft i åndens verden

Slagkraft i åndens verden

Slagkraft i åndens verden

1

Medfødt forestillings-evne
Vi er som mennesker skapt i Guds bilde. Vi er skapt begrensede i vår " værelse", vår eksistens, som et resultat av syndefallet.

" Alt har Han gjort skjønt i Sin tid; også evigheten har Han lagt ned i deres hjerter, men slik at mennesket ikke til fulle kan forstå det verk Gud har gjort fra begynnelsen til enden." (Fork 3, 11)

Det ble satt store begrensninger på mennesket. Vitenskapen snakker om at vi kun bruker 1/10 av hjernen.

Slagkraft i åndens verden

Men vi har allikevel mange talenter og gaver i funksjon, i forskjellig styrkegrad.

Evnen til å forestille seg ting

En gave vi har, som også er forskjellig i styrke hos oss alle, er evnen til å forestille seg ting, definere ting. Kvinner har som kjent en sterkere intuisjon enn menn. Vi har alle gjennom våre forfedre, Adam og Eva, arvet **intuisjon,** som vi kaller det i moderne språkbruk. Adam og Eva hadde alle evner fullt utviklet før syndefallet. Når det er sagt, så står det ingenting om intuisjon når det gjelder Adam og Eva. Men det er jo en evne vi kjenner til i dag, og som vi må anta også var i dem. Etter syndefallet ser vi at det ble en stor begrensning på mennesket på alle områder, da også på dette som vi kaller intuisjon. Det kan virke som intuisjon er noe gjenkjennelig i forhold til «evnen» til å prøve ånder. Men «evnen» til å prøve ånder er nok av en dypere kvalitet.

«En annen kraft til å gjøre undergjerninger, en annen profetisk gave, en annen evne til å prøve ånder, en annen forskjellige slags tunger, en annen tydning av tunger». (1Kor 12,10)

Slagkraft i åndens verden

I forskjellige Biloversettelser/grunntekster ser det slik ut: «Evne» til å «prøve» i norsk Bibel, «skjelne» i King James og «se» fra gresk. Dette er ingen nådegave, men en «evne» vi alle har noe av. Den kan utvikles gjennom omvendelse, overgivelse, studium av Skriften og lydighet i praktisk handling, på det skrevne Guds Ords befalinger og løfter. Gjennom denne utøvelse, vil dette utvikles. Dette er ingenting man får ved en håndspåleggelse.

Her er det kun **lydighetens vei** som teller, lydigheten til Herren og Hans skrevne Ord, Bibelen.

For å forklare denne evne enkelt, kan jeg si:
Har du vært gift i mange år, kjenner du din ektefelle på de fleste områder. Hvis noen kommer for å innbille deg at en annen er din ektefelle, så avslører du det automatisk. Slik blir det også her. Jo nærmere du kommer Kristus, desto raskere skjelner du, eller er i stand til å prøve ånder (som den norske Bibelen kaller det).

Viktig for hele din åndelige utvikling

Denne evnen er viktig for deg å ha, for ditt eget åndelige livs utvikling. Den vil hjelpe deg til å ta rette valg innfor Gud. Dette vil også være en åpner for å komme nærmere Herren, og inn i et dypere fellesskap med Ham. Når Herren taler stille til deg for å få deg nærmere, gjør Satans tanker det samme - han hvisker tanker til deg. Du ser, du trenger denne evnen sterkt.

Utvikling av evne: Et åndelig sterkt liv og karakter går hånd i hånd

Evnen vil ikke være deg til hjelp hvis ikke du **tror** på den - og **handler aktivt** på den. Samtidig som denne evne utvikles, utvikles din karakter. Dette går hånd i hånd. Ved å innbille seg selv eller andre at dette har man, så vil det avsløres om du har det eller ikke - **ved din adferd** og forståelse. Gud har lagt inn «sikringer» i all åndelig virkelighet!

Etter oppdagelsen/åpenbaringen kommer troen som styres av viljen

Etter "tingen" er blitt definert, kan vi tro "tingen" til virkelighet. Innenfor de grenser som på forhånd er satt av Gud og Hans

skaperkraft. Dette kan mennesket gjøre med sin frie vilje.
Dette kan brukes både til det gode og det onde. Når vi forstår dette, ser vi at "stridsemnet" i den åndelige krigføringen, er hvem som skal definere virkeligheten.

Guds Ord eller samtidens illusjoner

Jeg tar med et sitat fra Bibelen som illustrerer dette på en fantastisk måte: "Så som vi ikke har det synlige for øyet, men det usynlige, for det synlige er timelig, men det usynlige er evig." (2 Kor 4,18) Vi kan forstå i dette vers, at Paulus hadde blitt familiær med metodikken for realisering i den åndelige verden, ut ifra metodikken i den fysiske verden.

Den fysiske verden

Her er et eksempel: Du får se og ta på en bok i ett sekund. Du lukker så øynene - og visualiserer i ditt indre menneske det du så med dine fysiske øyne (i ett sekund), og tok på den fysisk med hendene dine. Nå ser du farge, størrelse, form og opplever følelsen av boken. Her får du en visualisering fra den fysiske verden, inn i din personlighet/sjel, inn i ditt tankeliv - gjennom fysiske sanser.

Slagkraft i åndens verden

Den åndelige verden

Nå går vi ut i den åndelige verden. Du hører ord fra Åndens verden, fra Guds Hellige Ånds verden. Du hører ord fra den Hellige Ånd i din tanke, så visualiserer du tankene og du ser dem i ditt indre.

"Jeg vil opplate min munn med tankespråk." (Salme78, 3)

Her får du en visualisering av ordene fra den Hellige Ånd i ditt tankeliv, i din sjel. Dette kommer via ditt tankeliv. Videre gjennom troens handlinger, ut i den fysiske, sanselige verden. Mottakeren fra den fysiske verden og den åndelige verden, er tankelivet, og følelsene i vår sjel/personlighet. Her har vi en felles mottaker både fra den fysiske siden og den åndelige siden. For begge sider må gjøres levende i vår sjel.

Fysiske handlinger

Videre handler vi i tro for det som skal ut i det fysiske, ved fysiske handlinger.

Sjelelige handlinger

Det som skal ut i det åndelige gjennom nærvær med Gud, Jesus Kristus og den

Slagkraft i åndens verden

Hellige Ånd - handler vi på i tro, i det
sjelelige/i tanken - for at dører skal gå opp i
det åndelige.

Troen er den høye terskelen
Både på den fysiske og den åndelige siden
er det den sjelelige troens terskel vi må
komme over.

NB! Opplysning til kapittel 2 og 3

Disse kapitlene kommer med opplysninger
som ikke har vært nevneverdig kjent i
kristne kretser. Vi som kristne har, som jeg
ser det, i mange generasjoner "hengt etter" i
det åndelige. Spiritismen og det okkulte har
alltid tatt i bruk den åndelige verden. Det er
en virkelighet at det spiritistiske og det
okkulte arbeider i den åndelige verden på
den svarte siden. Satan har gitt dem
muligheten for en begrenset inngang på
dette området. Når det arrangeres
alternative messer, så er det åndelige straks
fremme. New Age bevegelsen har vært en
viktig pådriver på dette området, spesielt
igjennom en av sine ledere og grunnleggere
ved navn David Spangler. Vi er i en virkelig
åndelig kamp og seieren er vår.

Slagkraft i åndens verden

Gud har gitt oss den fulle inngang og forståelse av hele den åndelige verden igjennom Sitt Ord.

Jeg vil i de kommende to kapitler gi dere en opplysning på dette området. Det er vi som er frelst som skal lede an - sammen med Gud vår Far og Jesus Kristus.

2

Hvordan få det du visualiserer i ditt tankeliv, materialisert i den fysiske verden?

Markus 16, 15-18: "Jesus sa: Gå ut i all verden og forkynn evangeliet for all skapningen."

Dette var det siste Jesus sa til Sine disipler før Hans himmelferd. Det var også det viktigste Han sa angående vår oppgave for Ham, som gjenfødte kristne på jorden. Jeg har alltid delt vers 15 i to deler.

1: Gå ut i all verden

2: Forkynn evangeliet for all skapningen

Slagkraft i åndens verden

Nå går vi dypere inn i verset. Det gjelder ordene: **"Gå ut i all verden."** Vi kan aldri få brukt Bibelens grunnspråk nok. Der er uuttømmelige sannheter.

"Gå ut", i dette verset, betyr **fellesskapet** (entall) skal gå ut. Det betyr at dette gjelder absolutt alle. Ordet har også i seg å **gi** og **gjøre godt.** Vi kan også se i Hebreerne 13,16 at det samme greske ordet er brukt. Ordet betyr her: Felles deltagelse og velgjørenhet. **Befalingen er til deg.** Vi ser i dette verset helt klart at Jesus snakker om at **du, som et gjenfødt enkeltindivid, skal gjøre din del av befalingen.** Dette er ingen forespørsel fra Jesus, men en **befaling** til deg. La oss ha dette i minnet når vi går videre til ordet "verden".

3

Kosmos

Kosmos er det greske og det hebraiske ordet for **universet/kosmos,** disse ord blir brukt synonymt.

"Verden".

Ordet heter på gresk og hebraisk: **Kosmos,** som igjen oversatt til norsk betyr: Bringe, komme, følge, orden, system, harmoni, universet, verden, **evigheten,** for alltid, viske ut tid i minnet (fortid og fremtid, i praksis er dette evigheten), tid og evighet. Ikke begrenset til det nåværende.

Slagkraft i åndens verden

"Komme ditt rike"

Denne betydningen finner vi også fra gresk i Matteus 6,10: "Komme Ditt rike." Den åndelige virkelighet, Guds kongerike og himlenes rike, er det samme til tider, men ikke alltid. Til slutt i menneskehetens historie, vil disse to for evig være ett.

Verden er hele kosmos

Den verden vi lever i er stor og grenseløs. Den menneskelige rase er begrenset og bor i en liten del av verden.

Menneskeheten er klar over eksistensen av andre planeter/ galakser, samt andre ting i universet/kosmos. Vitenskapen sier kosmos har visse elementer. Det er: Tid, vakuum, rom, materie, energi. Dette er ting som da tar plass. Videre de fysiske lover, som styrer dette som da har vært konstant gjennom hele sin historie.

Forstår ikke (vil ikke, kan ikke)

Menneskeheten lever på planeten Tellus, som er som et lite frø i en verden som er hele kosmos. Vitenskapen har sett noe av det hele, med evolusjonens briller. Det lille de har observert, er riktig, men de forstår ikke (vil ikke, kan ikke) se den absolutte hovedtyngden av verden.

Slagkraft i åndens verden

Inngangen til den åndelige verden:

Den er **åndelig** og inngangen dit er
gjennom den nye fødsel - og et ydmykt
overgitt liv til Kristus Jesus.

"Vi har ikke det synlige for øyet, men det
usynlige; for det synlige er timelig, men det
usynlige er evig". (2 Kor 4,18)

En dag forsvinner denne planeten vi bor på
ut av verden - og det blir en ny jord.
Johannes så dette i et syn på øya Patmos .
Bibelen sier om dette:

"Og jeg så en ny himmel og en ny jord; for
den første himmel og den første jord var
veket bort, og havet er ikke mer." (Åp 21,1)

En åndelig prioritet i våre liv

En dag, er for evig vår fysiske virkelighet
borte. Fra da av vil det for menneskeheten
kun være den **åndelige verden** (enten da på
Satans side eller på Gud Jehovas side).
Inntil den dagen har vi både den **fysiske** og
den **åndelige** siden. Her synes ett valg i dag
å være enkelt: Nemlig å velge Kristus Jesus
som Herre og komme inn i Guds plan i
tiden! Da må det åndelige livet i
verden/kosmos, få en første prioritet i livene
våre. Dette gir en helt annen tyngde,
størrelse og forståelse av Markus 16,15.

Slagkraft i åndens verden

Hver enkelt skal gå ut i kosmos – som er den åndelige og den fysiske verden.

1. Evangeliet til hele verden, så Jesus kan komme igjen

Det vi oftest har forstått med dette verset, er at evangeliet skal ut til alle unådde mennesker, så Jesus kan komme igjen. Det er den ene delen av oppgaven vår på det lille frøet av en klode, Tellus, i kosmos. Dette har vi vært opptatt av, og det er helt korrekt. Det er denne oppgaven jeg også har vært bevisst hele mitt voksne liv. En oppgave med deltagelse og velgjørenhet til de unådde med evangeliet. Det skal vi fortsette med til Jesu kommer igjen. Dette er en del av marsjordren fra Kristus. Dette var Jesu siste befaling Han ga før Han reiste til himmelen.

2. Personlig fellesskap med Treenigheten
Den andre betydningen av ordet **kosmos** som åpnet seg for meg er som følger: I alle år har jeg søkt å komme stadig nærmere Herren. Det endte opp med et gjennombrudd. Det brakte meg inn på områder helt nye for meg. Jeg har etter begynnelsen av de nye gjennomgripende opplevelsene, søkt Skriftens godkjennelse av det, og fått det.

Slagkraft i åndens verden

Guds skrevne Ord er vår eneste rettesnor, alt skal stemme overens med det.

Begynnelsen til en ny tilværelse med Herren, den treenige Gud Jehova
Her er noen oppmuntrende vers: "Jeg elsker dem som elsker Meg, og de som søker Meg, skal finne Meg." (Ord 8,17)

"Og dere skal søke Meg, og dere skal finne Meg når dere søker Meg av hele deres hjerte" (Sak 29,13)

"Herren er god mot dem som venter på Ham, mot den sjel som søker Ham." (Klag 3,25)

"For så sier Herren til Israels hus: Søk **Meg**, så skal dere leve! **Søk det gode** og **ikke** det onde, så får dere leve. Da skal Herren, hærskarenes Gud, være med dere, **som Han har sagt!**" (Amos 5,14)

Kan vi få det klarere i Skriften? La dette være begynnelsen til en ny tilværelse med Herren for deg. La oss fortsette.

Vår kamp
Her er det greit å nevne Paulus ord til Efeserne:

"Vi har ikke **kamp** mot makter, mot myndigheter, men mot ondskapens åndehærer **i himmelrommet.**" (Ef 6,12)

Det totale kosmos er vårt arbeidsområde
Her i brevet til Efeserne er det ikke bare snakk om vårt nære himmelrom/atmosfære er alene, er 700 km tykk og strekker seg ut mot universet. Jo lengre vi kommer opp fra jordflaten, desto tynnere blir luften og mindre blir trykket ned mot jorden. Her oppe er luften ekstremt tynn. Da 99,99 % av atmosfæren er på undersiden av disse 700 km.

Grensen mot rommet
Mange regner dette for grensen mot verdensrommet. Her er på en måte «taket» til planeten Tellus som vi lever på. Utenfor «taket» er verdensrommet i vårt univers. Utenfor vår planet og dens atmosfære, ut av vår galakse, forbi 100 milliarder galakser i vårt univers - har vitenskapen registrert en galakse utenfor vår galakse. Den er 13 milliarder lysår unna! Vårt univers er i følge vitenskapsfolk nesten helt tomt. Da forstår vi litt av avstandene og størrelsene.

Kosmos innehar alle universer
Utenfor vårt univers er det nye universer. Nå snakker vi om kosmos som alle

Slagkraft i åndens verden

universer er i, pluss alt annet som vi aldri kommer til å få noe som helst forståelse eller viten om. Nye teorier, merk deg - **teorier** - antyder at det kanskje finnes mange andre universer som vi aldri kan få kunnskap om.

Hvor er Gud Jehovas himmel?

Hvor Guds himmel er, vet jeg ikke, men den er et sted lenger ute. Vitenskapen har oppdaget 7 universer, flere større enn vårt univers. Dette er bare en dråpe i havet av hva Gud Jehova har skapt der ute.

Bibelens måleenhet

"Høyde, lengde, bredde og dybde" (Ef 3, 18) Det åndelige og evigheten.

Bibelen har en måleenhet som heter "evig, evigheten." Selv vitenskapsfolk har brukt disse målebenevnelser og enda en måleenhet til, som er enda mer omfattende enn denne.

Guds bevissthet

De sier alt og alle består av stjernestøv. Bevisstheten eksisterer fra evighet til evighet, med hensikt å utvikle til kosmisk bevissthet, og senere Guds bevissthet. Ordet Gud er brukt som den sterkeste måleenhet. De forstår ikke hva de snakker om, men **evigheten er nedlagt i alle**, så visse ting

Slagkraft i åndens verden

slår over uten at de forstår dybden i hva de snakker om. Det er Guds uendelige visdom som må inn på banen. Det er kun de som er født på ny og lever et overgitt liv til Herren Kristus Jesus som har muligheter til å se inn i og forstå dette. (Mer om dette i boken min: "Dressa opp for seier").

Verden

Vår oppgave og befaling fra Kristus gjelder "ut i all verden". Altså den nåværende fysiske verden vi kjenner til. For å si det på en enklere og mer forståelig måte: Vi går ut til alle unådde med evangeliet, samtidig som vi søker Gud Jehova ut ifra vårt indre åndelige liv.

Gå dypt inn for Herren - alene (ikke gi opp)

Den eneste muligheten for oss å til få kontakt med evigheten, er å gå målbevisst, lydig og i tro inn for Gud. Ved å starte på denne oppgaven mot et nært fellesskap med Guddommen, hvor vi fortsetter vår søken. Vi gir aldri opp på denne vandringen. Det vil virke for deg som om alt er stengt. Du ser ingen fremgang. **Hemmeligheten ligger i å stole på Herrens Ord.**

Vær frimodig og djerv

"La oss derfor tre frem med frimodighet for nådens trone, for at vi kan få miskunn og finne nåde til hjelp i rette tid." (Heb 4,16) Gå frem med frimodighet, djervhet, utholdenhet, trygghet i din tillit til Guds Ord, uansett hva omstendighetene vil fortelle deg gjennom dine sanser. Hør på dette verset i Forkynneren: "Alt har Gud gjort skjønt i Sin tid; også evigheten/verden/kosmos er lagt ned i deres hjerte, men slik at mennesket ikke til fulle kan forstå det verk Gud har gjort, fra begynnelsen til enden." (Fork 3,11)

En del av kosmos er i alle mennesker (1 Mos 1,26), man må bare få overgitt sitt liv til Jesus Kristus, så man kan komme inn i fylden av det åndelige.

Sansenes dør må lukkes

Det er Guds Ånd gjennom din ånd, som skal gi informasjon og ledelse til din sjel, til ditt intellekt og dine følelser. Noe skal utøves gjennom dine sanser til den fysiske verden, mens andre ting skal bearbeides i den åndelige verden.

Gi aldri opp. Den veien du nå går, er en nødvendig læringens vei. Uten den vandringen når du aldri frem. Du vil litt etter litt bli ledet med ditt liv, inn i et kjennskapsforhold til Gud Jehova, et liv som du ikke visste eksisterte. Det vil bli deg og Guddommen alene. Gud selv vil lære deg veien. Husk, at alt må til enhver tid være i overensstemmelse med det skrevne Guds Ord.

Peter i fengsel

I Apostlenes gjerninger har vi historien om Peter som ble fengslet. Det så ikke lyst ut for ham.

"På denne tid la kong Herodes hånd på noen fra menigheten og mishandlet dem." (Apg 12,1-3)

Dette er ting som ikke blir lagt så mye merke til når vi leser i Bibelen. Her ble noen av menighetens medlemmer **mishandlet** og **torturert** for sin tro på Jesus. Jakob, Johannes bror, ble **avlivet med sverd.** Dette var en fryktelig situasjon. Da Herodes og hans sammensvorne så at dette var jødene til behag, grep de også Peter og kastet ham i fengsel. Dette var ikke så lenge etter Jesu Kristi forsoningsverk på Golgata. Seieren var allerede vunnet av Jesus, men se hva som skjer likevel ... Dette er noe å tenke på.

Inderlig bønn

La oss gå til Peter som ble fengslet. (Apg 12,4.5)

I vers 5 ser vi at menigheten var i "inderlig bønn" for Peter. Det hjelper ikke med inderlig bønn, når den bønnen kun er vantro, tvil og frykt. Den type bønner når ikke lenger enn til taket. Vi ser at **Peter kommer ut av fengslet med englers assistanse!** (v 7.8) Da Peter satt fengslet, satt han der med **troens forventning** om at den Kristus han tjente, skulle få ham ut av fengslet! Og det skjedde! Peter trodde selv Jesus for sin utfrielse fra fengslet. Hadde han ikke gjort det, så hadde han blitt der til han ble henrettet. "Englene førte her Peter gjennom den første vakt og den annen vakt." (v 10.11)

"Troens lydighetsvei" går gjennom bruken av viljelivet

Her kunne Peter ha latt sin tro synke, da han så den ene hindringen etter den andre. I stedet - med sin **vilje** - gikk han i troens lydighet, inntil Gud førte ham ut. «De gikk da gjennom den første vakt og den annen, og kom til den jernport som førte ut til byen; Den åpnet seg for dem av seg selv, og de trådte ut og gikk en gate frem, og straks skiltes engelen fra ham».

Hadde ikke Peter stått fast i troen, hadde ikke disse tingene skjedd

Står vi derimot faste i troen, er vi etablerte i troen, vil ting skje oftere og kraftigere rundt oss. Som her med Peter. Etter han kom ut av fengselet (v 12) ser vi Peter gå til det huset hvor den "inderlige bønnen" var blitt bedt. Og de ba fremdeles.

"Og da Peter banket på porten, kom det en tjenestepike ved navn Rode ut for å høre etter. Og da Rode kjente Peters røst, ble hun så glad at hun ikke åpnet porten, men løp inn og fortalte at Peter sto utenfor." (Apg 12, 13.14)

Bønnesvaret banket på døren - vantroen nektet å åpne

De som var på bønnemøtet, sa til Rode: "Du er fra sans og samling. Men hun forsikret at det var som hun sa." (v 15) Vantroen kom med neste super-unnskyldning. Hør på den: «De som ba inderlig sa: Det er hans engel». Da de tilslutt lukket opp og så ham, ble de forferdet! For en tragisk gjeng, som kaller seg Kristi etterfølgere. Tilslutt var det en

blant de "inderlig bedende" som fikk opp
døren, i en slags type tro. Der utenfor sto
den fysiske Peter, som den bedende gjengen
bare hadde hørt stemmen på, slik som Rode
også hadde. Men nå var det manifestert
fysisk gjennom troen.

**Vantroen får aldri visualisert noen ting -
troen får tingene visualisert**
Vantroen får aldri visualisert Guds tanker,
tale eller ord. Det ser vi helt klart et
eksempel på her. **Troen** får visualisert Guds
tanker, tale og ord. Det ser vi et flott
eksempel på her. Står vi fast i troen, så skjer
det som Peter opplevde. Jeg liker dette:
"Porten åpnet seg helt av seg selv." (Apg
12,10)
Du forstår, når vi går Guds vei og adlyder
Gud, så ser Satan det og han får respekt for
deg. Etter hvert holder han seg mer og mer
unna deg. Han vet at Kristus lever gjennom
deg - og da er han slått, hver gang.

«Alt er mulig for den som tror. Straks ropte
barnets far: Jeg tror, hjelp min vantro!»"
(Mark 9, 23-24) Uten den sterke, bevisste
troen, styrt av ditt viljeliv, vil ingenting
fungere for deg.

Slagkraft i åndens verden

Oppdagelsen av «evigheten i våre hjerter»

Da jeg lå på gresset på Sri Lanka før møtet, oppdaget jeg noe i Forkynneren 3,11: At evigheten var nedlagt i våre hjerter. Dette åpnet en ny åndelig forståelse. Jeg forsto at alle mennesker, uansett religion, har en del av evigheten i sitt hjerte. Ikke i et fysisk hjerte, men i den åndelige, sentrale delen av et menneske. Dette gjorde min forkynnelse for andre religioner, mye enklere. Nå visste jeg at en del av evigheten var i deres hjerter. Når jeg da forkynte evangeliet med denne forståelse, kom øyeblikkelig responsen, da den åndelige gjenkjennelsen ble markant. I amerikanske bibler står det «verden» i stedet for «evigheten», hvilket jeg ikke forsto noe av – før jeg oppdaget at evigheten fra hebraisk også betyr kosmos. Her gikk en helt ny grensesprengende dør opp.

En ny åpenbaring over det samme verset 30 år senere

Plutselig så jeg at ordet "verden" også var korrekt å bruke. Det jeg så som en stor svakhet i Bibelen, var at ingen, hverken norske eller engelske Bibler hadde noen

Slagkraft i åndens verden

forklaringer på dette. Forklaringen får du av meg her:
Fra hebraisk er ordet "evangeliet" og ordet "verden" fra det samme grunnord, nemlig "kosmos".

Jeg så og forsto dette først ut ifra Markus 16, 15 hvor Jesus ga Sin siste befaling til disiplene: «Gå ut i all verden (all kosmos) og forkynn evangeliet for all skapningen». Ordet «verden» her er fra gresk og hebraisk og betyr «kosmos».
Ordet «evigheten» i Forkynneren 3, 11 er også fra hebraisk og betyr «kosmos».
Dette åpnet en helt ny dør for min forståelse.

Verden er det vi skaper rundt oss
Verden er det vi skaper rundt oss på jorden, ut av den åndelige virkeligheten i oss. Her er to muligheter: Du kan bygge din verden på jorden med Gud Jehovas tanker og adlyde de, eller du kan bygge din verden på jorden med Satans tanker og adlyde de. Enhver tanke kommer fra den åndelige verden. Det hele er en valgkamp. Du bestemmer hvordan din verden skal være. Din verden er først og fremst åndelig.

Slagkraft i åndens verden

Den manifesteres fysisk ved din tro og handling.

Dette vet vi alle: Kampen om sinnet har vært her siden tidenes morgen. Vi er inne i størrelsesordener som tid, vakuum, rom, materie og energi av omfang. Dette har vi ikke så mye forståelse av. Som gjenfødte, er hele evigheten (som er åndelig, med visse fysiske elementer i seg), det vi er en del av. Mesteparten av kosmos er for mennesket fysisk tomt.

Hele evighetens perspektiv er vårt bevegelsesområde i det åndelige

Vi kan rive ned Satans festningsverker, som er tanker til vårt sinn, som vi igjen adlyder. Vi river de ned ved å la Guds tanker, Guds skrevne Ord, Bibelen, få råderett i stedet. **Den du adlyder, blir din Herre.** Du vil se et større bilde av ditt liv som en gjenfødt troende på Jesus Kristus enn tidligere. Bøkene mine vil stadig bli fornyet, etter som Gud leder meg lenger inn i det jeg her har begynt se. Alt jeg kommer med har sitt solide feste i det skrevne Guds Ord, Bibelen. Velkommen til en ny verden, med nye muligheter av det du ikke forsto var der.

Slagkraft i åndens verden

4

Klokken halv åtte på morgenen

Min kone hadde stått opp. Jeg ropte ut til henne på kjøkkenet: «Jeg blir her og ber en stund». Jeg sto på knærne og konsentrerte meg. Helt bevisst sa jeg til meg selv: «Jeg stenger for alle sansene, som tar inn inntrykk fra omgivelsene». Dette gjorde jeg for å få muligheten til å motta inntrykk fra den åndelige verden. Jeg la kjøttets gjerninger bak meg med **bekjennelsen av at jeg gjorde det.** Hvorfor jeg gjorde det, vet jeg ikke, men jeg gjorde det (og gjør det fortsatt hver gang jeg ber). Så sa jeg: «Jeg åpner opp mitt åndelige liv for Guds

verden, den Hellige Ånds verden. La meg
møte Deg der Herre».

Den første kampsituasjon du må vinne for å komme videre

Så var jeg helt rolig, konsentrerte meg om å
få mitt tankeliv til å roe seg helt ned. Dette
er den første åndelige kampsituasjon som
må vinnes. Nå, etter lang trening, er ikke
det problemet lenger. Men der og da måtte
det jobbes med saken. Plutselig kom tanker
til meg. Bak tankene kom andre tanker. De
andre tankene sa: «Tro det du tenker, så vil
det visualisere seg for deg i den åndelige
verden». «Er dette virkelig?» tenkte jeg,
«eller er det bare noe jeg innbiller meg.»
Tankene kom igjen: «Tro det du tenker, så
visualiserer det seg». Jeg sa stopp til alle
tvilens tanker (og andre inntrykk gjennom
tanker) som ønsket å hindre meg i det jeg
var i ferd med å oppleve. Det tok uker før
jeg fikk dette til å fungere bra. **Det tok
trening hver dag, i ro innfor Gud. Så en
dag ble det stille i sinnet.**

Klarer du et sekunds stillhet i sinnet - så er du i gang

Klarer du ett sekund stillhet i sinnet, så går
du ut i Ånden med Gud. For Herren er en

Slagkraft i åndens verden

dag som tusen år, og tusen år som en dag.
Ser du perspektivet? I det sekundet du er
stille, kan Gud gi deg informasjoner, som
strekker seg over langt lengre tidsrom.

Troen er nøkkelen
Steng alle tanker ute. Nekt å godta noen
tanke, uansett. Aksepter og tro kun Guds
tanker.

Bare tro
Mitt sinn var stille i ett sekund - og ut
forsvant jeg. Jeg så et svakt hvitt lys i det
fjerne. Jeg gikk ut av meg selv, og forsvant
gjennom det hvite lyset, og ut i den åndelige
verden. (De videre opplevelsene i den
åndelige verden skriver jeg ikke noe om,
det er ikke det jeg først og fremst vil du skal
gripe i denne boken). Det jeg ønsker, er at
du selv skal komme ut i Åndens verden og
få dine egne opplevelser og lære å kjenne
den treenige Guddommen på en ny, dypere
og helt personlig måte.

Arbeid på ditt liv
Det er ikke for ingenting Bibelen taler så
klart om å avlegge kjøttets gjerninger.
Kjøttets gjerninger er resultatet av valgene
vi gjør ut fra inntrykkene gjennom sansene

våre. Det er sansene våre vi må få kontroll over, det er de som gir signaler inn i følelser og tanker. Vi må få kontroll på alt som vil inn gjennom sansene, og åpne opp for alt som Gud vil meddele gjennom våre følelser og tanker fra den åndelige siden. Det er dette du må ta tak i og tro – da er du i gang.

Selvdisiplin må til

Kjøttets gjerninger blir ikke avlagt ved en bønn. Hard jobbing med bruk av **viljen** må til. Dette er trening som tar lang tid. Enten gir du opp, eller så satser du. Satser du så vil du nå målet. Det er et kjøtt som må disiplineres, før vi kommer til det punktet hvor vi går ut i Åndens verden. Paulus sier noe han ikke kunne ha sagt, hvis han ikke hadde opplevd det: "Dere uforstandige galatere! Hvem har forgjort dere, dere som har fått Jesus Kristus malt for deres øyne som korsfestet?" (Gal 3,1)

Paulus delte nok sin visualisering av Kristus for dem. Paulus hadde ikke sett Kristus bli korsfestet.

5

Leve i seier i den åndelige verden

Du har ikke mer seier i den åndelige verden,
enn du har her i den fysiske verden.
Det er ingen eventyrtilværelse. Lever du
fundamentert sterkt i Herren og Hans Ord,
med Jesus Kristus som **Herre** - står du
akkurat like sterkt i den åndelige verden,
som i den fysiske. Åndens verden i vår
"atmosfæriske størrelse", har noen faste
elementer. Satans "skjulested", demonenes
"skjulested" og den Hellige Ånds belte av
herlighet, rundt hele planeten. (Joel 3) Her
ute kan du være i full seier, hvis du har full
seier i ditt eget liv på jorden.

Slagkraft i åndens verden

Men det må ordnes først. Målbevisst
trening, trening og atter trening må til.

Guds manifesterte nærvær - i det åndelige, eller her i det fysiske

Guds nærvær rundt oss og i oss, gjør oss
annerledes enn alle andre mennesker på
jorden! I Edens hage vandret Adam og Eva
med Gud, helt til ulydigheten fikk dem til å
gjemme seg for "Herren Guds åsyn" (1 Mos
3,8). På dette tidspunkt fjernet mennesket
seg fra Guds nærvær. Sønnen Kain fjernet
seg enda mer fra Guds nærvær, som et
resultat av et forherdet hjerte. Men Gud ga
allikevel ikke opp, og fortsatte å lengte etter
nært felleskap med mennesket som Han
elsket.

Enok og Noa

Til slutt kom det frem menn som Enok og
Noa som ga Gud respons, og som **rørte ved
Guds hjerte med sin urokkelige søken.**
Som et resultat av dette, vandret de
nærmere Gud enn noen annen i deres
årtusen, etter at Adam forlot Eden.

Abraham

Abraham opplevde ofte Guds manifesterte
nærvær gjennom livet. Et slikt møte skjedde

da Gud kom for å diskutere Sodoma og Gomeras fremtid med ham. Etter dommen over byen, leser vi: "Tidlig neste morgen skyndte Abraham seg til det stedet der han hadde stått for Herrens åsyn." (1 Mos 19, 27) Dette var bare en av de mange ganger Abraham nøt fellesskapet i Guds umiddelbare nærhet. Da Abraham ble gammel, sa han til sin tjener: "For Herren, hvis nærvær jeg har vandret i, skal sende Sin engel med deg og la deg lykkes med ditt oppdrag." (1 Mos 24,40)

Samuel
Vi leser at "Samuel vokste opp og Herren var med ham, og lot ikke noen av sine ord falle til jorden." (1 Sam 3,19) Hvordan kunne det skje, at ingen av ordene til denne mannen slo feil? Svaret finnes: "Og Herren ga Hanna tre sønner og to døtre. Imens vokste gutten Samuel opp hos Herren." 1 Sam 2,21) Når vi kjenner Ham, sier vi det Han sier, og ordene våre slår ikke feil.

David
Tiden i Guds nærvær, det absolutt nødvendige
David, som elsket Guds nærvær og opplevde det like ofte som noen annen i det

Gamle Testamentet (muligens med unntak av Moses), utbrøt: "Må Din tjener Davids hus bli stadfestet i Ditt nærvær." (2 Sam 7, 26) I likhet med Moses ville han ikke vite av noen fremgang som gikk på bekostning av Guds nærvær. Senere da han syndet så stygt med ekteskapsbrudd og mord, var hans inderlige smerterop: " Forkast meg ikke fra Ditt nærvær, og ta ikke Din Hellige Ånd fra meg!" (Salme 51,11) Han visste at livet i sannhet ville bli tomt og meningsløst utenfor Guds nærvær! Det var han som skrev ordene:" Du skal vise meg livets vei. For Ditt åsyn er gledens fylde. Ved Din høyre hånd er evig fryd."
(Salme 16,11)
Psykologien sier angående et menneskes utvikling fra barnsben av, at de første tolv år i livet former personligheten din til den du er i dag. Dette kan jeg ikke være enig i. Våre gener betyr en stor del, en stor del av personligheten er lagt ned i oss allerede fra fødselen. Men absolutt ikke alt.

Hør hva Skriften forteller oss: "Far ikke vill, slett selskap forderver gode vaner." (1 Kor 15,33)

"Den som vandrer sammen med vise menn, blir selv vis." (Ord 13,20)

Alle problemene var rundt David i over ti år

Hva med David? Han var alene i ødemarken da "alle som var i nød, alle som hadde gjeld og alle som var bitre i sjelen, samlet seg rundt ham. Slik ble han fører for dem. Det var omkring 400 menn sammen med ham." (1 Sam 22,2) For en gjeng å tilbringe over ti år i sammen med! De misfornøyde, de plagede og gjeldsslavene!
De var sinte, nervøse og mest sannsynlig ubehøvlede og ufølsomme.

Formet de Davids personlighet?

Nei. Hvorfor ikke? Fordi David tilbrakte mye tid i Guds nærvær! Han opprettholdt en fyrstelig holdning. Han valgte å la Gud forme seg - og ikke omstendighetene! Han dro "ikke i fremmed åk med vantro." (2 Kor 6,14) Følgene var at de som var med David i over ti år, ble formet til store ledere som ble berømte i mange generasjoner! Hør dette fantastiske vers:

Slagkraft i åndens verden

"Mitt hjerte har hørt Deg si: Kom og tal med Meg." Og mitt hjerte svarer: "Herre, jeg kommer." (Salme 27,8)

Guds nærvær formet David

Dette var Davids liv, han tilbrakte så mye tid sammen med Herren, at han ikke bare påvirket 400 gretne menn, men fikk innflytelse på en hel nasjon! **Han var en påvirker, fordi han tilbrakte tid sammen med kilden** til visdom, all kunnskap og all forståelse.
David gjorde det ikke for å få Guds visdom - han presset seg inn fordi **han lengtet etter Guds hjerte**, det å komme så nærme Gud som det var mulig. Han elsket Ham høyere enn alt annet, og grunnen var at han tilbrakte så mye tid sammen med Ham. Mer tid han var sammen med Herren, mer elsket han Herren.

Salomo

Om bare Davids sønn, Salomo, hadde arvet den brennende lengselen. Han så Israels Gud to ganger, og rådet over større visdom enn noen både før og etter ham. **Men han innså ikke viktigheten av det å bli i Guds nærvær.** Ved slutten av sitt liv, da årene var brukt opp, skrev han den triste boken Predikerens/Forkynnerens bok. Til tross for at han eide visdom, ufattelige rikdommer og jordens vakreste kvinner. Til tross for berømmelse og innflytelse både fjernt og nær, hadde han ikke noe annet å si enn: "Alt er tomhet og jag etter vind!" Hvis han hadde hatt sin far Davids hjerte, ville Israels historie ha blitt ganske annerledes. Vi kunne fortsette igjennom det Gamle Testamentet, se på flere lignende eksempler, men jeg tror disse er nok.

Slagkraft i åndens verden

Slagkraft i åndens verden

6

Dette må du jobbe med for å få på plass

Jeg vil du skal se alvoret i det seriøse, bevisste forholdet man må arbeide og trene på og få på plass. Dette er et nitidig arbeid som du ikke må gi opp før du har det. Når det er på plass, må du sørge for å forbli der. Dette er det hardeste og viktigste arbeidet du vil komme til å gjøre i ditt liv. Som jeg tidligere har sagt: Du har ikke mer seier i den åndelige verden, enn du har her i det fysiske. Vi skal stå like sterkt i begge dimensjoner, den tredje og

Slagkraft i åndens verden

den fjerde - den fysiske verden og den åndelige verden.

Åndens frukter er hva vi behøver i våre liv

Du må ta tak i ditt liv, da skjer den eventuelle positive forandringen du trenger. Det er kjøttets avleggelse, og påkledning av Åndens frukter som må til. Det du selv har, kan du gi andre - hvis de vil ha det. (Gal 5,16-22)

Et liv nær Gud:

Vi skal leve i seier i den fysiske verden og i den åndelige verden - nøkkelen er et liv i Guds nærvær!

Herligheten er i Guds nærvær

Hvordan kunne Jesaja, Esekiel og apostelen Johannes se Herrens herlighet og overleve så de kunne skrive om det? Svaret er enkelt: De var i det åndelige, og ute av kroppen. Dødelige kropper kan ikke stå i nærværet av den Hellige Herren i all Hans herlighet. Han er den fortærende ilden, som det ikke finnes noe mørke i. (Hebr 12,29; 1 Joh 1,5) Paulus skriver om Jesus:

"Han som er den velsignede og den eneste mektige, kongenes Konge og herrenes Herre. Han alene har udødelighet og bor i et lys ikke noen kan nærme seg. Han som ikke noe menneske har sett eller kan se." (1Tim 6,15.16)

Jesus bor i et lys som det ikke går an å nærme seg og som ikke noe menneske kan se eller har sett. Salmisten slår til og med fast, at Herren har lyset på Seg som en kappe. (Salme 104,2)

Det var lett for **Paulus** å skrive dette, fordi han **hadde opplevd et mål av dette uoppnåelige lyset fra Hans herlige nærvær på veien til Damaskus.** Han gjenga det for kong Agrippa på denne måten:

"Ved middagstid mens jeg var på veien, konge, så jeg et lys fra himmelen. Det var klarere enn solen og skinte rundt meg og dem som reiste sammen med meg." (Apg 26,13)

Paulus så ikke Jesu ansikt, han så bare lyset fra Ham. Og det overveldet og **overskygget lyset fra den klare solen i Midtøsten!** Paulus var i Guds herlighets nærvær.

Hva er Herrens herlighet?

Hvis vi leser hva Moses ba Gud om: Han ba ikke bare om Guds nærvær, han gikk lenger, han ba om å få se Hans **herlighet.**

Moses sa: "Jeg ber Deg, vis meg Din herlighet!"(2 Mos 33,18)

Det hebraiske ordet for **herlighet** er «kabowd». Strongs Bibelhåndbok definerer det som "vekten av noe, men bare billedlig, i en god betydning." Definisjonen snakker også om prakt, overdådighet og ære. Moses ba Gud om å vise Seg i all Sin prakt." Se nøye på Guds svar:

"Jeg skal la Min **godhet** gå forbi ansiktet ditt, og Jeg skal forkynne Herrens navn for deg."(2 Mos 33,19)

Moses ba om hele Hans herlighet, og Gud svarte med "all Min godhet". Det hebraiske ordet for **godhet** er «twwb». Det betyr godhet i den videste formen av ordet. Med andre ord, **uten å holde noe tilbake.**

Før en jordisk konge kommer inn i sin tron sal, blir navnet hans proklamert av en herold. Proklamasjonen etterfølges av

Slagkraft i åndens verden

trompetfanfarer idet han kommer inn i
tronsalen i all sin prakt. Kongens storhet
blir åpenbart, og ved hoffet hans er det
ingen tvil om hvem som er konge. Hans
majestetiske nærvær fyller alle med
ærefrykt. Men hva om denne samme
monarken skulle rusle rundt i gatene i byen
sin, ikledd vanlige klær, uten noen tjenere?
Sannheten er, at det som var tydelig i
hoffsammenheng, ville gå tapt utenfor
slottet - fordi mange som passerte ham ikke
ville kjenne ham igjen. Hans nærvær ville
ikke være så imponerende og merkbart som
i tronsalen, der han var i all sin prakt.

I bunn og grunn er dette nøyaktig det Gud
gjorde for Moses, ved å si: "Jeg skal
forkynne Mitt navn og passere forbi deg i
all Min prakt."
I det Nye Testamentet får vi høre at
**"Herrens herlighet åpenbares i Jesu
Kristi åsyn/ansikt."** (2 Kor 4,6)
Mange som har vært i Herrens nærhet, har
vitnet om at de så Jesus i et syn og så inn i
Hans ansikt. Det er meget mulig, men jeg
kan love deg at de ikke så hele Hans
herlighet. Dette er det viktig å ha en klar
forståelse av, når man skal bevege seg inn i
Guds nærhet.

Et mentalt forhold til Gud, er mekanisk og uten ånd

Det å fortelle at man forstår og kan en hel del om de evangeliske sannheter, er en ting. En annen ting, som er virkeligheten, er å leve i den åndelige dimensjon alltid. Det kan vi når vi har bestemt oss for det og betaler prisen det koster å komme dit. Et mentalt forhold til Gud, er mekanisk og uten ånd. Vi ble skapt til å bli i Ham, i virkeligheten, ikke bare i teorien. Vi bør aldri være fornøyde før vi opplever dette i sin fylde. Jesus døde for å fjerne forhenget som skilte oss fra selve Guds nærvær. Det er derfor salmisten roper det ut:

«Hvor herlige og elskelige Dine boliger er (der Du hviler), Herre, hærskarenes Gud. Min sjel lengter, ja, tæres av lengsel etter Herrens forgårder. Mitt hjerte og mitt kjøtt roper ut og synger av glede og fryd til den levende Gud. Selv spurven har funnet et hjem, og svalen har funnet seg et rede, der hun kan legge sine unger, dine altere, hærskarenes Herre, min Konge og Gud. Salig og velsignet (lykkelig, heldige, misunnelsesverdige) er de som bor i Ditt hus og som dveler i Ditt nærvær; de skal synge Din pris og love Deg, hele dagen lang. Sela». (Salme 84,2-5)

Slagkraft i åndens verden

7

Hva er virkelighet?

Det er mange forskjellige inntrykk mennesker får av en hendelse. Det kan vi bare se på vitneforklaringer i en rettssak. Samme hendelse ses på forskjellige måter av forskjellige mennesker. En annen nærere virkelighet for deg, er kanskje hvilket inntrykk du har av livet? Ordbøkers definisjon av virkelighet er: " ... det som er virkelig, en faktisk ting, situasjon eller hendelse." I følge den objektive analyse, er dette virkeligheten.

Virkeligheten er objektiv og subjektiv

Men virkeligheten er ikke bare objektiv, den har også en subjektiv eller personlig side, med rot i hva man føler, mener eller tror. Ser vi det i dette perspektiv blir virkeligheten slik: "Det skal bli som du trodde." (Matt 8,13)

Uvirkelig - virkelig

I dette personlige perspektiv, blir ofte det som er virkelig for ett menneske, uvirkelig for at annet menneske. Jeg har reist mye i Asia og overnattet mange ganger privat. Deres hjem kan ofte bare være en bambushytte med jordgulv. Der ligger de og sover på tynne matter. I Norge har vi designervillaer, av ypperste kvalitet på alt. Sengene er som en drøm, nærmest som å sove på en passe myk sky. Selv om disse to virkelighetene er totalt forskjellige, er begge like faktiske og subjektivt virkelige for hver av oss.

La oss lære et prinsipp av dette eksempelet

Hva som helst en gruppe mennesker er enige om å skape gjennom tilslutning, kompromiss og stadig bruk, vil til slutt definere virkeligheten for dem.

Kjenner du deg igjen her? Det er svært viktig å forstå dette, for **når vi blir enige med Guds rikes standard og prinsipper, vil hele vår definisjon av samfunnet forandres.**

Et bibelsk eksempel på dette

"Se, de er ett folk, og samme språk har de alle. Dette er det første de tar seg fore. Nå vil ingenting være umulig for dem, hva de så enn finner på å gjøre."
(1Mos 11,6)

Hva enn de måtte tenke å kunne gjøre, kan de gjøre - ingenting er umulig for dem

Dette sa Herren selv om de ugudelige babylonerne. Han sa at uansett hva de har tenkt å gjøre, så har de ressursene til å gjøre det.

Tviler du på gyldigheten av dette utsagnet?

Ville du vært blant dem som mistrodde og apte med de som forestilte seg at de sto på månen? Du ville kanskje vært blant dem som gjorde narr av tanken på at stemmer og bilder kunne formidles over hele jordkloden ved hjelp av usynlige bølger? Du ville kanskje latterliggjort ideen om et våpen så mektig at det kunne ødelegge alt liv på jorden?

"Å skape virkeligheten"
Mennesket kan ikke skape, men vi samarbeider med Skaperen. Disse tingene er allikevel en del av vår virkelighet i dag, takket være mennesker med evne til å "skape virkeligheten". En del av oss mennesker har et større vell av muligheter til å realisere enn andre. Hvis et menneskes tanke kan forestille seg noe, og vedkommende kan få andre til å tro det, kan deres ånd utføre det. Og med få unntak, vil **ingenting være umulig,** selv for en så liten gruppe som to eller tre, **hvis de bare godtar og tror at noe kan skje.** Det er nettopp dette dagens krigføring i menigheten konsentrerer seg om. Djevelen vil vi skal akseptere kristendommen som den er, som om splittelse, synd og åndelig kraftløshet er alt Gud har lagt til rette for de troende på jorden. Satan vil vi skal si oss enige med, og dermed underbygge dette forfalskede bildet av menigheten/ fellesskapet.

Slagkraft i åndens verden

Vi må bli enige med Guds plan

Planen om en hellig, usplittet, kraftfull
menighet: Herren har kalt oss til å opprette
Sitt rike, ikke til å bli stående på stedet hvil.
Han vil vi skal ta territoriet, etablere Guds
rike og forkynne evangeliet i henhold til
Markus 16,15-20. Vi opparbeider et sterkt
personlig forhold til personlighetene Fader,
Sønn, Jesus Kristus og den Hellige Ånd i
den åndelige verden. Samtidig proklamerer
vi evangeliet til de siste unådde folkeslag
for å fremme Jesu gjenkomst.

Vi tjener i den fysiske og den åndelige verden samtidig

Dette gjør vi i den fysiske verden. Den
praktiske utøvelsen av Markus 16,15 i det
fysiske, i tro, og de seirene vi vinner i det
fysiske, skjer parallelt i den åndelige
verden, der ute i kosmos et sted. Det skjer
der ute i den åndelige dimensjonen. Ikke i
den kosmiske/fysiske dimensjon som er lik
den vi har her på jorden.

Slagkraft i åndens verden

8

Krig i himmelrommet (vår atmosfære)

"Da brøt det ut krig i himmelen: Mikael og hans engler gikk til krig mot draken. Draken kjempet sammen med sine engler, men ble overvunnet, og de kunne ikke lenger finnes plass for dem i himmelen." (Åp 12,7-89)

Denne hendelsen er ikke lett for oss å forstå. Hvordan fører engler og demoner krig? Vesener som ikke dør av sår - hvordan og med hva kjemper de? Hvordan beseirer de hverandre? Uten å gå utenfor vår grense av kunnskap, kan vi trygt si

Slagkraft i åndens verden

dette: All krigføring i det åndelige dreier seg om et viktig spørsmål: Hvem skal kontrollere virkeligheten på jorden? Himmelen eller fortapelsen?

Makt-enigheten mellom mennesker og åndeverdenen

Når det gjelder krigføringen mellom engler og demoner, er ikke kampen avhengig av fysiske våpen. Den er avhengig av den makt-enighet som er mellom menneskeheten og åndeverdenen.
Vi leser i Efeserne at **"makter og myndigheter** "besitter **"himmelrommet"**.
(Ef 6,12)

Og vi leser at det er Faderens uttrykte vilje å sammenfatte alle ting i Kristus, **"alt i himmelen og på jorden."** (Ef 1,10)

Her avsløres Guds fantastiske plan: Han har til hensikt **gjennom eklesia** (de utvalgte, de som samles på torgene, fellesskapet, menigheten) å kunngjøre Sin mangfoldige visdom **"for maktene og myndighetene** i himmelrommet."
(Ef 3,10)

**Når Kristi legeme på jorden, blir enige
med sitt hode i himmelen, forvises
mørkets makter i himmelrommet av
Kristi egen Ånd.**

**Når Kristi fellesskap på jorden er
aggressiv, pågående**
Med andre ord: Når Kristi legeme på jorden
er pågående i sin enighet med Guds vilje og
Ord - ut i det åndelige, inn i det sjelelige og
ut i det fysiske - øker og frigjøres Guds
nærvær i den åndelige verden. Satan og
mørkets krefters innflytelse på jorden,
fortrenges proporsjonalt. Like etter
manifesteres dette i den fysiske verden,
menneskets verden. Vi vil se vekkelse,
helbredelser, mirakler, menneskers frelse og
evangeliet kommer ut til alle ikke-nådde
folkegrupper verden over.

Når menigheten (eklesia) er passiv,
likegyldig eller kjødelig, utvider
avgrunnens krefter sitt herredømme over
menneskehetens handlinger. Ekteskap
ryker, kriminaliteten øker, løssluppenheten
løper løpsk. Vi må forstå at vårt forhold, vår
forståelse, vår bønn, vårt fellesskap og vår
enighet med Gud, er helt nødvendig for
gjennomføringen av Guds plan på jorden!

Slagkraft i åndens verden

Åndsriket Satan arbeider i

"Når han taler løgn, Satan, taler han av sitt eget, for han er en løgner og løgnens far." (Joh 8,44) Her ser vi klart Skriften avslører Satan som løgnens far. Hans virkeområde er den åndeverden som i "tiden" omgir og tildekker menneskehetens bevissthet. Dette området kaller Bibelen så klart for "himmelrommet". (Ef 6,12) Fra dette ånderiket arbeider Satan.

Kampen i himmelrommet

Da jeg nevnte hans skjulested i første kapittel, har han "skjulstedet" her i himmelrommet. Satans utøvelse går ut i hele himmelrommet, ut i hele kosmos. Her arbeider Satan for å kontrollere og forderve menneskets sinn, gjennom tankens illusjoner skapt av kjøttets begjær og frykt. Tanker sendt som piler fra Satan. Løgnens makt er ikke bare å tale usannheter, heller ikke at denne verden er en illusjon.
Fiendens løgn synes å ha størst makt når mennesker tror at denne verden, slik den er, er den eneste verden vi kan leve i!
Sannheten er at Gud er i ferd med å opprette Sitt rike, og at alle virkeligheter til slutt vil underordne seg og styres av dette riket! (Heb 12,26-28   Åp 11,15)

Slagkraft i åndens verden

Her er det da ikke snakk om at himmelen kommer her på denne jorden. Derimot **at himmelens herlighet og kraft ubegrenset er tilgjengelig for oss her i tiden.**

Vi er himmelens ambassadører, med budskapet om frelse til hele skapningen. Himmelens herlighet blir i demonstrasjon vist frem på jorden, gjennom Guds tjenere. I framtiden en gang, vil alle de hellige reise til den Evige Stad og himmelens rike. Kampen er ikke bare i vår nær-til-jorden åndelige atmosfære, men i hele kosmos. Kampen strekker seg helt ut i alt Gud har skapt.

Slagkraft i åndens verden

9

Våre våpen
Det våpen Gud har gitt oss for å kjempe mot fiendes løgner, er Guds Ord, Bibelen, "Åndens sverd." (Ef 6,17)

Jesus sa det så betegnende: Hans Ord "de er Ånd og liv". (Joh 6,63)

Det betyr at innholdet, betydningen av **det skrevne Guds Ord, representerer en faktisk virkelighet.** Det er da Guds rikes levende Ånd. Det er den Ånden som kan skape.

Slagkraft i åndens verden

"Gud talte og **det skjedde**, Han bød og **det sto der.**" (Salme 33,9)

Ordet Jehova fra hebraisk betyr: Den evig eksisterende som åpenbarer Seg. Ser du Guds natur, Guds personlighet i Hans navn. Han er alt! Han er den skapende og den eneste som kan skape. Han er livet!

I det greske språk er "sannhet" og "virkelighet" det samme
Vi må også forstå at det greske språket, som det Nye Testamentet er skrevet på, ikke hadde noe eget ord for "virkelighet." For dem var "sannhet" og "virkelighet" det samme! Når vi tenker på "sannhetens Ånd," må vi også inkludere begrepet "virkelighet" i vår forståelse. Det betyr at **den Hellige Ånd og Guds Ord er selve virkeligheten!**

Dette poenget er helt nødvendig å ha klart for seg
Dette må forstås. I vår krig om hvem som skal kontrollere menneskenes verden, er **Guds Ord**, som får kraft fra Hans Ånd, det **eneste våpen** Kristi menighet (de gjenfødte), har fått utdelt. **Åndens levende Ord er Sannheten.** Paulus lærte oss at åndelig krigføring særlig dreier seg om å

"rive ned festningsverker." Men hva er disse **festningsverkene? De er de løgnene Satan har flettet inn i våre tankemønstre, og som forblir «virkelighet» for oss når vi godtar og tror på dem.**

Vi faller ikke ofte i synd fordi vi blir lurt. Hver synd er tilslørt av en viss mengde løgn og bedrag. Men når løgnen avdekkes og ødelegges, ved at våre tankeprosesser frigjøres fra illusjoner - vil vi oppdage at Jesu renhet, fullkommenhet og sannhet i oss, gir oss det evige håpet om herligheten.

"For hvem Gud ville kunngjøre hvor rik på herlighet denne hemmelighet er blant hedningene, det er Kristus iblant dere, håpet om herligheten." (Kol 1,27)

Gud er Ordet
"I begynnelsen var Ordet, og Ordet var hos Gud, Og Ordet var Gud." (Joh 1,1)

Kristus er Ordet
"Og Ordet ble kjøtt og tok bolig iblant oss, og vi så Kristi herlighet - en herlighet som den enbårne Sønn har fra Sin Far - full av nåde og sannhet." (Joh1,14)

Slagkraft i åndens verden

Den Hellige Ånd er Ordet

"For de er tre som vitner:
Ånden, vannet og blodet, og disse tre går ut
på ett."(1 Joh 5,7.8)

Det Gamle Testamentets ofringer

viser at blodet av lyteløse, feilfrie dyr ble
stenket på bokrullen. Hvorfor?
**Fordi boken er livløs for den som leser
den, om ikke blodet har vært der på
forhånd!** På samme måte er det i dag.
Bibelen er livløs for oss om ikke blodet har
vært hos oss på forhånd.

De som er født på ny har mulighet til innsikt i Bibelen, ingen andre

Kun en type mennesker har mulighet til å få
innsikt i Ordet, det er dem som er født på
ny, renset i blodet, og som lever i pakten.
Dette er vår del i Kristus. Vi kan bare hvile
i pakten, hvile i blodet. Vi behøver ikke å
prestere noe selv. Gud sendte Sin egen
Sønn, Sitt eget blod.

"Og de har seiret over ham i kraft av
Lammets blod og de ord de vitnet."
(Åp12,11)

Slagkraft i åndens verden

Vitnesbyrdet, proklamasjonen av Guds Ord på Ordets grunn - med full viten og overbevisning om at det her holder i all evighet! Blodsofringene i det Gamle Testamentet var bare med og viste oss svakt betydningen av Jesu blod, og hvilken autoritet det er i navnet Jesus. Blodet er utgytt en gang for alle. Vi kan gå like inn i helligdommen - på blodets grunn.

"Da vi altså brødre, i Jesu blod har frimodighet til å gå inn i helligdommen, så la oss tre frem med oppriktige hjerter, i troens fulle visshet, renset på hjertene." (Heb 10,19)

Vår fullkomne seier

Vår seier er i Guds Ord, Bibelens Ord.

Vår seier er i Jesu Kristi forsoningsverk på Golgata.

Vår seier er i Jesu dyre blod.

Vår seier er i den Hellige Ånd, Gud Jehova er den Hellige. Han er den Hellige Ånd.

Stå på Guds Ord

Som jeg alltid har prekt, og det som er grunnlaget for det sterke kristenlivet: Det er det **solide fundamentet i Guds Ord.** Det må man bygge målbevisst inni seg, fra dag en etter gjenfødelsen. Alt begynner med deg som et naturlig menneske: Du blir født på ny. Et nytt liv i Guds kvalitet har kommet inn i deg. Nå begynner arbeidet for å få vekst i det åndelige livet, i den Hellige Ånd, i deg. Her må det bygges solid, sterkt og med kvalitet. Når dette er på plass, er tiden inne for å "søke lenger ut i Åndens verden", i den Hellige Ånd.

«Han talte og det skjedde, Han bød og det sto der». (Salme **33,9**)

Her ser vi at Gud **talte**, som Han også gjorde da Han sa:

"Bli lys! Og det ble lys."(1Mos 1,3)

Her ser vi **Gud taler ord**. Guds Ord er **skapende.** Det som skaper er Guds Ånds energi, om jeg kan kalle det for det. Tar vi en titt på 1 Mosebok 2,5 ser vi noe opplysende:

Ordet, Ånden og mennesket - fysisk virkeliggjøring av Ordet

Åpenbaringen som kom under tannpussen

Jeg husker tilbake i 1979, jeg skulle tale i en metodistmenighet i Norge. Noen dager i forveien, begynte noe å utfordre meg. Jeg så skapelsen i de to første kapitlene i 1 Mosebok. I det første kapitlet ble alt **talt til liv** og i det siste verset i kapitlet, så Gud at alt var såre godt.

"Gud så alt Han hadde gjort, å se, det var såre godt." (1 Mos 1,32)
Så gikk jeg videre til kapittel 2,5. Der sto det: "Det var ennå ingen markens busk på jorden."

Nå forsto jeg ingenting. Jeg sa til Herren: Dette må du gi meg åpenbaring over. Dagen etter åpenbarte Gud det for meg mens jeg sto og pusset tennene på morgenen. I kapittel 1 viste Han meg at her var det snakk om det **talte** Guds Ord, på samme måte som vi har det **skrevne** Guds Ord, Bibelen i dag.

Det skrevne Guds Ord alene var ikke nok

I kapittel 2,5 viste Gud meg at det skrevne/talte Guds Ord alene ikke var nok.

Det skrevne Guds Ord måtte **bli levendegjort** (bli åpenbart) ved den Hellige Ånd, Guds Ånd. Vers 5 forteller meg at det "ikke hadde regnet på jorden enda."

Så et nytt lys, en ny åpenbaring kom til meg: Vannet var et bilde på den Hellige Ånd. Nå forsto jeg, **den Hellige Ånd** måtte gjøre ordene **levende.** Det var på den måten de «døde» ordene kunne bli det **levende** Guds Ord. Dette var heller ikke nok, det måtte også være tilstede et menneskelig instrument, som det levende Guds Ord kunne arbeide igjennom. Bibelen sier i samme kapittel vers 7: "Det var ikke noe **menneske** til å dyrke jorden."

Nå da **mennesket** hadde kommet, var alle nødvendige elementer til stede: Ordet, den Hellige Ånd og mennesket. Fra vers 8-14 ser vi alle ting bli **skapt fysisk** og komme på plass. Her ser vi helt klart at Gud fra starten av bruker den samme metode til å skape ting på, som Jesus underviste oss om i evangeliene, for å få ting skapt. Hør hva Jesus sa:

"Det er ÅNDEN som gjør levende, kjøttet hjelper ingenting. De **ORD** som Jeg har talt til dere, er **ÅND og er LIV**." (Joh 6,63)

"Jesus sa videre: Alt er mulig for den som tror." (Mark 9,23)

Ordet **tro** er et verb. Alle verb er **handlingsord.** Så hva sier Skriften? Ta Guds Ord - handle på det - og den Hellige Ånd lar det skje! Ser du mulighetene for et sterkt liv i den Hellige Ånds kraft, når Jesus er **Herre** i ditt liv - og du lever overgitt til Ham...

Troen øker
Dette gjorde jeg mer eller mindre bevisst fra jeg ble født på ny: Fylte meg med det skrevne Guds Ord. Det gjorde min tillit og tro til Bibelen og Kristus, stor, og den ble bare sterkere og sterkere.

Bibelen beviste seg selv
Allerede de første månedene som kristen, opplevde jeg at mennesker ble helbredet og satt fri da jeg ba for dem. Grunnlaget for det var nettopp min frimodige tillit og tro til Bibelens Ord og Kristus Jesus. Våre liv skal være åpenbaringskanaler for Guds virkeligheter.

Slagkraft i åndens verden

Slagkraft i åndens verden

10

Verdensevangeliseringen var i gang

Det gikk drøye to år - og jeg var i gang med
verdensevangeliseringen. Det ble min
hovedoppgave for Herren. Jeg var i Øst-
Afrika på min første oversjøiske reise.
Herren var med. Likedan de medfølgende
tegn og mirakler. Mennesker ble frelst i
store mengder, og mange ble helbredet og
satt fri fra demoner. Jeg hadde allerede en
urokkelig tro på Herrens Ord, men
visdommen min kunne man kanskje stille
spørsmål ved. Den trengte, og trenger hele
livet i gjennom, stadig forbedring.

En menneskelig fødsel og vekst

En ting er å bli født, en annen ting er å **vokse.** Enhver fødsel er «gratis» for den som blir født som et naturlig menneske, men så må man med en type ubevisst vilje (som er noe annet enn en refleks), fra første dag svelge maten som blir presentert. Spiser man ikke, går det ikke lange tiden før man er død. Spiser man, så vokser man. Trener man på toppen av det hele på å få i seg sunn mat, blir man sterkere. Den naturlige fødsel fungerer nøyaktig lik den åndelige. Bare i en annen dimensjon, under andre lover.

Ingen ubevisst vilje i det åndelige

Det er en forskjell, og det er at i det åndelige livet fungerer ingen ubevisst vilje eller refleks. Her må viljelivet inn fra dag en. Du må ville spise maten din, altså Guds Ord - og adlyde Ordet, for å få en åndelig vekst.

"For våre våpen er ikke for mennesker, men de har sin kraft fra Gud og kan legge festninger i grus. Vi river ned tankebygninger og alt stort og stolt som reiser seg mot kunnskapen om Gud, og vi tar enhver tanke til fange under lydigheten mot Kristus." (2 Kor10,4-5)

Slagkraft i åndens verden

"Men alt som blir avslørt av lyset, kommer for dagen, og alt som kommer for dagen, blir lys." (Ef 5, 8-13)

Når du bekjenner dine synder, kommer de frem i lyset. De er ikke lenger i mørket, de er ikke lenger hemmeligheter. Når lyset slås på i et mørkt rom, blir mørket lys. «Dersom vi bekjenner våre synder, er Han trofast og rettferdig, så Han tilgir oss syndene og renser oss fra all urett». (1Joh 1,9) Igjen er det snakk om å bekjenne syndene. Gud er trofast og rettferdig, så Han tilgir og renser deg fra all synd og urett.

"Men Gud være takk, som i Kristus alltid fører oss med i Sitt seierstog og gjennom oss sprer kunnskapen om Ham som en duft, på et hvert sted."
(2 Kor 2,14)

Det er seier her og nå, hvis vi tillater Kristus å leve i oss, gjennom Sitt Ord, Bibelen. "For Gud ga oss ikke motløshetens ånd, men kraft, kjærlighet og sindighets ånd." (2 Tim 1,7) Ikke frykt, som er en Satans trussel. Husk alltid at Satan er "løgnens far, det finnes ikke sannhet i ham".

Slagkraft i åndens verden

"Slik skulle Han ved Sin død gjøre ende på ham som hersker ved døden, det er djevelen, og befri alle dem som av frykt for døden var i trelldom hele sitt liv." (Heb2,14.15) Satan vil alltid forsøke å få deg til å tro at han har makten over deg. Men lever du av å spise Guds Ord, da vet du at Bibelen sier: "Kristus har gjort ende på han som hersket over oss". **Bruk Jesunavnet og det skrevne Guds Ord og bryt kraften i Satans løgner.**

"Og vi vet at alle ting tjener den til gode som elsker Gud, dem Han har kalt etter Sin frie vilje." (Rom 8, 28.29) Hvis Gud lar alle ting tjene deg til gode når du elsker Ham, kan egentlig aldri noe ondt hende med deg. Gud har på forhånd utvalgt deg til å bli likedannet med Hans Sønns bilde.

"Ja, Jeg har gitt dere makt til å trå på slanger og skorpioner og gitt dere makt over alt fiendens velde, og ingenting skal skade dere." (Luk 10,19) Autoriteten over alt Satans velde er oss gitt i Kristus. Vi har Hans løfter og Hans autoritet på at ingenting skal skade oss.

"Det var for å gjøre ende på fiendens gjerninger at Guds Sønn åpenbarte Seg."
(1 Joh 3,8)

Tro deg fri
Du er fri, ikke fordi du føler deg fri - men fordi du tror deg fri. Hver gang du uttaler din tro, oppretter du friheten som en sann virkelighet. Du stoler på at når du ber, står Guds hærskare av engler deg i ryggen. Guds hær er mange ganger større, og mer seirende enn Satans hær. Det aller viktigste i denne sammenheng, er at Kristus Jesus vant en fullkommen seier over Satan og demonene - en gang, for all evighet - på korset på Golgata. **Alt dette står sammen med deg mot ondskapen. Sammen med Jesus kan det ikke feile.**

"Vær derfor Gud undergitt, stå djevelen imot og han skal fly fra dere."
(Jak 4,7) (Les også Jesaja 53 og 54,11-17 og 2 Kongebok 6, 15-18)

Seieren er vår i Jesu navn, om grunnlaget blir lagt rett. Dette grunnlaget for din åndelige bevissthet og vekst, må være på plass før du går ut i den åndelige verdenen. **Det er seier!**

Slagkraft i åndens verden

Slagkraft i åndens verden

11

På veien inn i dypet

Er du klar?

Du må først være sikker på at du lever i full seier, i ditt eget liv. Gjør du det, så vet du det. Den seieren du bærer i deg, er den seieren du er i stand til å bringe ut, til hjelp for andre. Du må **vite**, som er skrittet lengre enn å **tro**. Du må leve i overbevisningens område med din tro på Kristus Jesus og Hans forsoningsverk på Golgata. Det må ikke finnes en skygge av tvil i din åndelige tilværelse angående disse ting. Du må vite uten tvil, at den seieren

Slagkraft i åndens verden

Kristus Jesus vant, var for deg personlig og alle andre mennesker som er født, og lever eller har levd på planeten Jorden (Tellus).

Deretter da Jesus visste at alt var fullbrakt for at Skriften skulle oppfylles, sier Han: «Jeg tørster». Der sto et kar fullt av eddik. De satte da en svamp full av eddik på en isopstilk og holdt den opp til munnen Hans. Da nå Jesus hadde fått eddiken, sa Han: **«Det er fullbrakt»**. Og Han bøyde Sitt hode og oppga ånden. (19,28-30) Du er giganten i ånden, med fundament urokkelig på forsoningsverket, som går inn i ånden, kriger og vinner krigen. "For alt det som er født av Gud, seirer over verden, og dette er den seier som har overvunnet verden; vår tro." (Joh 5,4)

Du har aldri mer seier utad enn det du har innad. Den seieren du lever daglig i ditt eget liv, er den seieren du er i stand til å utøve utad for andre mennesker. Ingenting mer enn det. Lever du i dette, da er du klar.

Forberedelse
Du må sjekke ut deg selv om alt i ditt liv er i lyset. Gå innfor Herren og sjekk din samvittighet. Se at alt er i orden.

Slagkraft i åndens verden

Har du noen Satans snarer på deg, er du ikke klar for en oppgave som dette. Da vil demonene se muligheten til å hoppe over på deg også. **Har du alle ting i lyset, så be Jesu blod over deg til beskyttelse. La Kristi blods skjold dekke deg.**

Bibelen sier: "Og de har seiret over ham, Satan i kraft av Lammets blod og det ord de vitnet, og de hadde ikke sitt liv kjært, like til døden." (Åp 12,11)

Kristus, med Sitt eget blod, vant en evig forløsning og Satan var for evig en beseiret fiende. Jesu Kristi dyrebare, rene blod er vitnet på nådestolen i himmelen som det evige paktsblodet, med en evig beseiret Satan i ildsjøen - for evig.

"Og ikke med blod av bukker og kalver, men med Sitt eget blod, en gang inn i helligdommen og vant en evig forløsning." (Heb 9, 2) Uten blod blir utgytt, skjer ingen tilgivelse. Vers 22: " Og nesten alt blir etter loven renset med blod, og uten blod blir utgytt, skjer ikke tilgivelse."

Er du her nå, så kjenner Satan deg og du kjenner ham. Forberedelsene er gjort. Du er giganten som går inn i dypet, i ydmykhet, men med autoritet i Jesu navn.

"Alt det som er født av Gud, seirer over verden, og dette er den seier som har overvunnet verden, vår tro." (1 Joh 5,4)

Gå fremover

Når du nå går fremover mot Satan, så stopper du aldri. Hvis du stopper, så begynner han å skyve, og du kan da bli vippet bakover til tilbakeslag i kampen. Gå fremover hele tiden. Når du går imot, så gå imot - og gjennom til seier. Ha seieren for øyet hele tiden. Seieren vår er vunnet for 2000 år siden, men Satan har urettmessig tatt våre områder, **fordi vi ikke har gjort krav på våre rettigheter i Kristus.** Nå er det slutt, vi gir ikke Satan rom. "Gi ikke Satan rom." (Ef 4,27)

Det du nå gjør er å kreve din rett, enkelt og greit. Men Satan har hatt denne vår rettighet uforstyrret så alt for lenge. Og han har sett så mange svake kristne som han ikke har brydd seg noe om. Når det kommer en gigant som deg, så er han ikke vant til slikt, han har bare sett svake kristne. Han tror du blir lett match, men får sjokk når han ser deg.

Slagkraft i åndens verden

Du bare går fremover - og har ikke tenkt å stoppe. Satan vet han har "trøbbel". Husk: Mennesker rundt deg er Satans førstevalg av redskap for å knekke deg. Vær nøye med hvem du har rundt deg. Ha kun de "troende kjempene" rundt deg. De som kan løfte deg, ikke dytte ned.

I ditt lønnkammer alene, eller sammen med flere

De første gangene anbefaler jeg deg å gå i lønnkammeret alene. Da finner du ut om du alltid vil være i lønnkammeret alene, eller sammen med noen. Jeg synes det er greit alene, men for andre kan en støtte kanskje være god å ha i begynnelsen. Du må innhente og forstå din posisjon og plass i ånden. Dette kan ta tid. Husk du er giganten i Kristus Jesus. Bøy dine knær og lukk dine øyne. (Eller en annen posisjon som er behagelig for deg).

I lønnkammeret alene

Når du går inn i ditt lønnkammer alene, så er dette din personlige helligdom, din personlige arena, hvor du har gått til side med Gud. Gud er ånd og du skal ha kontakt med Ham i den åndelige verden. Det er her i den åndelige verden også Satan beveger seg, så det er her vi møter han og hans demoner. Det er her du lærer å forstå Satans måte å arbeide på. Du kan avsløre ham og beseire ham.

Sørg for at ditt lønnkammer er uten forstyrrende lyd og synsinntrykk, ja, alle ting som vil kunne appellere til dine sanser. Lukk skoddene til sansenes vinduer, og åpne skoddene innover i ånden. Nå er det ikke inntrykk utenfra som vi skal konsentrere oss om. Nå er det ene og alene den åndelige verden.

Vi søker størst mulig kontakt med den for å få utført våre oppdrag. Det er også her i ånden vi opparbeider vårt aller mest intime forhold til Gud. Her i ånden er det flere arenaer du vil lære å kjenne.

12

Konsentrer deg om arbeidet med å få roet ned din sjel

Nå må viljelivet ditt inn for fullt. Det første du gjør, er å løfte alle kjøttets gjerninger ut på distanse. Du ser det der ute, du har kontrollen over det.

Du legger din sjel/personlighet under din viljes kontroll. Har du kontroll på dette, lever du i seier over kjøttet.

Ikke rom for kjøttet

Viser det seg at du har problemer på områder i ditt kjøtt, så må det i sin helhet

Slagkraft i åndens verden

ordnes opp i og fås seier over - og leves i seier over. Gjør det før du prøver deg på det som vi nå er i gang med. **Du vil ikke komme inn i noe av dette, uten seier i ditt eget liv.** Derimot vil du være blink for demonene. Det ligger an til enda mer problemer enn du har hatt så langt. Men er seieren i ditt liv soleklar, da går du videre.

Under Herrens autoritet
Nå lar du din vilje bevisst være under Herrens autoritet - og du er i gang med å få disiplinert og roet ned din personlighet/sjel. Dette er 100 % nødvendig.
Satan vil gjøre alt han kan for å uroe deg. Han vil ikke du skal vinne seieren her, så du kan gå videre inn i ånden. Husk vi lever i en åndelig verden først og fremst.

Det åndelige slaget er i gang
Djevelen forsøker å slå deg ut ved oppstarten. Kan du se hva jeg snakker om? Jeg vet du gjør det. Alle åndelige angrep kommer gjennom våre følelser og tanker, med begjær og andre forstyrrende tanker. Dette er eneste måten djevelen kan få kontakt med deg på, forstyrre deg på. Satan vil angripe deg i ditt liv, gjennom følelser og tanker. Alt i ditt liv er lagret på din

personlige harddisk, i din sjel/personlighet. Her fisker Satan. Derfor må alle sanseinntrykk inn til deg stoppes. Du må med ditt viljeliv roe ned alt du kan av følelser og tanker.
Tanker og følelser går alltid imot hverandre. **Det du føler, tenker du. Det du tenker føler du.**

Satan vil ikke du skal gå inn i dypet i ånden. Dette må være soleklart for deg. Her skal du vinne dine seire - i dypet. Når seieren er vunnet her i personlighetens/sjelens arena, er du klar for å gå videre. Den sjelelige (personlighets) kamp kan vare lenge. Er du klar for dette? Eller vil du gi opp før du kommer i gang? Det kan ta tid før du er klar for dypet. Dette er det ikke mange som er villige til. Faste kan være et hjelpemiddel her. Faste gjerne gjennom hele bønneprosessen.

Paulus: " Men jeg sier: Vandre i Ånden, så skal dere ikke gjøre kjøttets begjæringer. For kjøttet begjærer imot Ånden og Ånden imot kjøttet. De står hverandre imot, så dere ikke skal gjøre det dere vil." (Gal 5,16.17)

Det er alltid noen ting, noe som ikke en
gang behøver å være så stort. Lite eller stort
i kjøttet, så er det et hinderuansett. Nå
satses alt for seieren!

Hvorfor faste?

Jo, for en hensikt: Du får en større
konsentrasjon på de åndelige ting,
enn konsentrasjonen på de fysiske ting. Du
blir mye klarere i det sjelelige
og det åndelige. Dette er eneste hensikten
med fasten.

"Men viser oss i alt som Guds tjenere, ved
stort tålmod i trengsler, i nød, i angst, under
slag, i fengsel, i opprør, i strengt arbeid, i
nattevåk, **i faste**." (2 Kor 6, 4.5)

Vi står på, satser alt - og vinner alt

Du kan gjøre avbrekk i bønneprosessen,
men la djevelen forstå hvor du står i
seiersprosessen. La han tydelig forstå at du
kommer tilbake med styrke, og går videre
fra der du var. Dette kan du gjøre, når du
har brutt igjennom på dypet og har funnet
din posisjon. Men allikevel vil jeg anbefale
deg å stå på til hele seieren er vel i havn.
Husk du er giganten. Her må du være helt
bevisst, være superklar på hvem du er i

Slagkraft i åndens verden

Kristus - og stå og gå på den overbevisningen. Det aller beste er selvfølgelig ikke å ha noe avbrekk i prosessen. Men bruke den tiden du trenger til å komme ned i dypet - **og "rive" seieren ut av Satans klør og ta den ut i vår sjelelige/fysiske verden.** Har du nå kommet igjennom første runde og fått roet ned sinn og følelser, og beseiret alt som vil hindre deg i å gå videre -

Da er du klar for runde 2
Du har brukt timer eller kanskje dager på denne prosessen. Dette krever stor innsatsvilje å få til. Kommer du først i gang, er du glad du satset for å komme igjennom til dypet. Da vil du oppleve at du ikke vil være noe annet sted enn akkurat her.

Slagkraft i åndens verden

Slagkraft i åndens verden

13

Nå er du klar for dypet
Dyret i dypet – du går fremover – Satan rygger

Nå møter du Satan i dypet. Du går fremover hele tiden. Når du går fremover rygger djevelen. Han rygger for hvert skritt du tar. Stopper du, stopper han. Går du bakover, kommer han etter. Dette skjer hver gang, dette er mine egne erfaringer. **NB!** Når du har seier i kjøttet, har alt i lyset og er beskyttet av Jesu Kristi blod, kan du være frimodig og djerv som en gigant.

Slagkraft i åndens verden

Da befaler du Satan og demonene som er med ham, å forlate offeret og aldri komme tilbake.

Troen som ikke vakler
Dette gjør du kun en gang og signerer med "i Jesu navn". Nå står hele Kristi seier bak deg. Seieren som allerede har vært der i 2000 år, har nå blitt åpenbart for deg. **Husk: Befalingen gis kun en gang. Gjør du det en gang til, så viser du djevelen at du ikke stoler på Herren og Hans Ord, og djevelen angriper. Slipp ikke overtaket, seieren er din i Jesu navn.**

Oppfølging:
NB! Det du gjør som oppfølger: Du går fremdeles mot Satan, men nå **priser du Herren for seieren** som nå er et faktum! Nå godtar du ikke noe annet, uansett hva dine omstendigheter måtte fortelle deg. **Gå aggressivt ut mot Satan. Du er giganten i Jesu navn. Bygg seiersmur - som står for all tid.**

Gigantens styrke
«Alt det som er **født av Gud**, seirer over verden, og dette er den seier som har seiret over verden, **vår tro**». (1 Joh 5,4)

Slagkraft i åndens verden

Nå må du stå fast på din tro. Nå må du ha det usynlige for øyet, ikke det synlige. Det synlige er timelig, det usynlige er evig og seirende. Det er her din åndelige styrke skal vises, og under vandringen din utvikles mer og mer. "Nå som vi ikke har det synlige for øye, men det usynlige, for det synlige er timelig, men det usynlige er evig." (2 Kor 4,18)

Vi holder fast på det usynlige - og får seieren frem i det synlige

Hele vår tillit, tro, overbevisning til Gud er i Jehovas skrevne løfter.

De er gjeldende fra Kristi forsoningsdød for oss. Hans fullkomne seier over Satan og hans demoner for all evighet.

Slagkraft i åndens verden

14

Du må bruke din gudgitte autoritet

Det ble sagt om Jesus: "Straks alt folket så Ham, ble de forferdet og løp til og hilste Ham. Han spurte dem: Hva er det dere tretter om? Og en blant folket svarte: Mester, jeg har ført til dem min sønn som er besatt av en stum ånd. Og når den griper han, sliter den i ham, og han fråder og skjærer tenner og visner bort. Jeg ba dine disipler drive den ut, og de var ikke i stand til det. Jesus svarte dem og sa: Du vantro slekt, hvor lenge skal jeg tåle dere? Før ham hit til Meg!" (Mark 9,15-19)

Slagkraft i åndens verden

Les alle versene, så ser du at Jesus med Sin enkle, bestemte autoritet fikk demonen til å gå. På samme måte blir det med oss, når forutsetningen er møtt, som vi her har snakket om. Du utøver Guds makt i Jesu navn på forsoningens grunn, i ydmykhet og renhet. Satan og demonene må gå. Det er en absolutt hendelse som vil skje. Jeg sier det igjen: Gå aggressivt ut imot djevelen. Dø i dine egne forestillinger. Gå hardt som stål imot Satan, for seieren **er** din i Jesu navn! La Satan rase med alle sine tanker og følelser. Du står fast. La deg ikke kaste og drive av ethvert lærdoms vær - Satans løgntanker og følelser.

"Stå fast." (Ef 4,14)

Satan gir seg ikke før han er i sjøen med ild og svovel, hvor han pines natt og dag i all evighet.

Hold grepet - og gå ut med seieren

Nå kan du forlate kampområdet. Stå fast i troen og seieren. Da kommer ikke Satan og demonene til igjen. La tryggheten i deg være absolutt. Satan vil komme med noen anslag, gjennom tanker, følelser og andre mennesker.

Slagkraft i åndens verden

Når han ser redskapets (din absolutte
sikkerhet og holdning), stikker han.

Vestlandet, 1975

Jeg husker ved en anledning, en kvinne
ville bli utfridd fra demoner. Hun forventet
en lang episode med utdrivelse. Jeg bare
befalte demonene å forlate henne, med få
ord - og i Jesu navn. Så snudde jeg meg og
forlot kvinnen. Jeg hadde bare kommet
noen få meter vekk og sto med ryggen til -
da hørte jeg demonene skrike i kvinnen, og
de kom ut alle sammen. Kvinnen var fri!
Dette har jeg opplevd over hele verden.
Etter hvert som man holder på med dette,
vet Satan at Jesu er med, så seieren kommer
mye raskere enn i begynnelsen. Det er store
muligheter for et overvinnende liv, for alle
som kjenner kallet til en tjeneste som dette.

En tjeneste som dette vil koste deg alt.
Du må være villig til et liv med prøvelser,
forsakelser, misforståelser og lidelser. Dette
er ikke noe man bare "prøver". Det er ikke
bare et enkelt knips med fingeren og så si:
Jeg er mer enn en overvinner i Ham, fordi
Bibelen sier det. Bibelens Ord må følges,
adlydes, så vi kommer i rett posisjon for å
leve som giganten - overvinneren.

Slagkraft i åndens verden

"Alt det som er født av Gud overvinner verden, og dette er den seier som har overvunnet verden, vår tro." (1 Joh 5,4)

Autoriteten er vår i Jesu navn
Jesus sa: «Dersom dere blir i Meg og Mine Ord blir i dere, da be om hva dere vil og dere skal få det». (Joh 15,17) **Autoriteten er oss gitt, når forutsetningene møtes.**
Når vi gjør vårt - står hele himmelen oss i ryggen med hjelp. Pris Herren for seieren.
Jeg sier det igjen: Vi har ikke det synlige for øyet, men det usynlige.
Det synlige er timelig, det usynlige er evig.
Stå fast, pris Herren, seieren er vår.

15

Hinder for seier i dypet

Vedkommende som ønsker utfrielse, må virkelig ønske utfrielse

Personen må ha et inderlig ønske om det, og etter utfrielsen ønske av hele sitt hjerte å leve helt for Kristus, slik at gjenfødelsen kan forbli et faktum. En stor viktighet er det å bli døpt i den Hellige Ånd og ild raskt etterpå. Og igjen å lære seg å holde på sin frihet gjennom Bibelen. (Dette skriver jeg utfyllende om i boken min "Virkelig fri"). Hvis vedkommende som ønsker utfrielse, ikke ønsker dette, vil det kun bli et forsøk med tomme tønner som skramler uten resultat. Hvis det heller ikke tas seriøst etter utfrielsen, vil den ånd som ble drevet ut, ta med seg syv andre ånder, verre enn seg selv. (Matt 12,43-45)

Så vi ser at dette må gjøres seriøst av den som er en tjener i Herren, og i alvor for den som ønsker utfrielse. Nå har jeg nevnt litt om en direkte konfrontasjon med den som ønsker utfrielse. Det vi her i boken omhandler er **forbønn i dypet**. De åndelige prinsippene for utøvelsen av det åndelige arbeidet er alltid de samme.

Den indirekte konfrontasjonen - bønn på dypet

Vi legger til rette for den plagede, slik at vedkommende får muligheten til å ta et valg. Valg til å ta imot Jesus som sin Frelser. Utdrivelse av demoner, er enklere når man er i nærkontakt med vedkommende. Samtaler på forhånd for å klarlegge ting for begge parter, er et meget viktig hjelpemiddel. Store ting kan oppnås på lang avstand, også når man går i bønn på dypet, bare man holder seg til Guds Ord.

Men ingenting er som når man er til stede,
med den plagede personen.

Bygg seiersmur som alltid står
Etter utfrielsen: Lev et bevisst overgitt liv
til Kristus. Bygg opp et nært
kjærlighetsforhold til Ham. Bli for alltid
nær til Hans hjerte. La Kristus forbli det
viktigste i hele din tilværelse, la Ham være
ditt **alt**. Det er det Han bør være for oss alle.
Han er LIVET. (Joh 3,16   14,6)

”For våre stridsvåpen er ikke kjødelige,
men mektige for Gud til å omstyrte
festningsverker, idet vi omstyrter
tankebygninger og enhver høyde som reiser
seg mot kunnskapen om Gud, og tar enhver
tanke til fange under lydigheten mot
Kristus.” (2 Kor 10, 4-5)

**Bygg deg solid opp med Guds skrevne
Ord**
Utvikle nøye ditt kjærlighetsforhold til
Kristus. La Hans liv alltid stråle gjennom
deg, som et ydmykt redskap for Ham. «Og
grip foruten alt dette troens skjold, hvormed
dere skal kunne slukke alle den ondes
brennende piler. Og ta frelsens hjelm og
Åndens sverd, som er Guds Ord. Idet dere

til enhver tid ber i Ånden med all bønn og påkallelse». (Ef 6,16-18)

Du er kun uovervinnelig så lenge du vokter muren

Murvokteren lever nær til Kristi hjerte og i pakt med Guds Ord. Satan gir seg ikke før han er i fortapelsens evige piner - men da er han der for all tid. Han er evig beseiret, og hans tid er nøye målt. Vår tid som Herrens barn, er evig. Det er ingen lett vei - men det er VEIEN.

16

Be i Ånden mot ånd - be i kjøttet mot ånd
Vi kan være på bønnemøter, vi kan be
korrekte bønner - men får vi svar på bønn?
Plutselig en dag gikk det et lys opp for meg
angående dette. Hva skjer hvis jeg ber i
kjøttet, i det sanselige mot det åndelige, for
bønnesvar? Jeg hørte jeg sa til meg selv:
Det skjer ingenting! Vi lever i den
nytestamentlige tid (og langt ut i den), vi
har passert middelalderens problemer og
kommet inn i større lys i Ordet. Vi forstår
stadig mer i Ordet, men hjelper det oss noe,
hvis vi bare ber fra kjøttet mot ånden? Må

Slagkraft i åndens verden

vi ikke bruke åndelige våpen mot åndelige fiender?

Paulus sier: "Vandre i Ånden, så skal dere ikke fullbyrde kjøttets begjæringer! For kjøttet begjærer imot Ånden, og Ånden imot kjøttet. De står hverandre imot, så dere ikke skal gjøre det dere vil."

Forvirringen kommer inn på banen
Her ser vi at forvirring også kommer inn på banen.
Det er Satan, ut ifra det åndelige, som kommer med det som vi da aksepterer i kjøttet. Herren krever i Sitt Ord at hvis vi virkelig ønsker å tjene Ham, må Han får være **Herre** i våre liv og at vi da **adlyder** Hans ledelse.

Da er disse ord fra Paulus ypperlige: "Dersom du med din munn bekjenner Kristus som Herre, og i ditt hjerte tror at Gud oppvakte Ham ifra de døde, da skal du bli frelst." (Rom 10, 9)

Jesus som Herre er en første nødvendighet! Ikke kjøttet som herre, men Kristus, i Hans Ånd. Hør videre hva Jesus sa til disiplene:

"Dersom dere blir i Meg, og Mine Ord blir i dere, da be om hva dere vil og dere skal få det." (Joh 15,7)

Hva sier Han? Jo, **vandre i Min Ånd**. Vi ber i Ånden, vi ber i Guds Hellige Ånd, den seirende Ånd - og beseirer Satans ånd. Så vær bevisst i den Hellige Ånd når du ber for svar. "For våre stridsvåpen er ikke kjødelige, men mektige for Gud til å omstyrte festningsverker, idet vi omstyrter tankebygninger og enhver høyde som reiser seg mot kunnskapen om Gud, og tar enhver tanke til fange under lydigheten mot Kristus". (2 Kor 10,5)

Kamp i ånden, er kamp med tanker - tanker er åndelige

«Da Jesus så deres tanker, sa Han: Hvorfor tenker dere så ondt i deres hjerter?» (Matt 9,4) Jesus så inn i ånden og så tankene deres: «Men da Jesus visste deres tanker..." (Matt 12,25) «Men det kom en tanke opp i dem om hvem som var størst iblant dem. Men da Jesus så deres hjertes tanke..." (Luk 9,46-47)

Det er ikke vanskelig å forstå, åpenbaringen ligger så opp i dagen. I stor grad er det på denne måten, i tankene, at Satan angriper - og vi må «ta ham» med Guds Ord. Vi må bare sørge for å være i Ånden, slik at Guds Ånd i oss (og Ordet) går imot Satans ånd - og vinner seier.

De fleste kristne kobler ikke tanken opp imot det åndelige i det hele tatt

De tenker at tanker er tanker. Ja, det er riktig, men de er åndelige. Alle våre tanker, uansett, er åndelige. Tanker og følelser er en viktig bestanddel i vårt åndsliv.
De kan ikke skilles. Enhver tanke gir en følelse og enhver følelse gir en tanke.

Forstyrrelser i tankelivet når du skal be, er demonisk. Forstyrrelser i tankelivet er åndelig, så behandle det der etter.

17

Hent ut dine seiere i den åndelige verden

**Dyp bønn i GT (før forsoningsverket)
under andre vilkår, ledet av Gud Jehovas
Ånd**

Vi leser fra 1 Kongebok: "Så sa Elias til
Akab: Gå nå opp og et og drikk! For jeg
hører regnet suse. Da gikk Akab opp for å
ete og drikke. Men Elias gikk opp på
Karmels topp og bøyde seg mot jorden med

ansiktet mellom sine knær. Så sa han til sin dreng: Stig opp, og se ut mot havet! Og han steg opp og så ut, men sa: Det er ikke noe å se. Syv ganger sa han: Gå dit igjen! Den syvende dag sa han: Se, en liten sky, så stor som en manns hånd, stiger opp fra havet. Da sa han: Gå opp å si til Akab: Spenn for og far ned, så ikke regnet skal oppholde deg. Og i en håndvending svartnet himmelen til med skyer og med storm, og det kom et sterkt regn; og Akab kjørte av sted og for til Jisreel. Men Herrens hånd kom over Elias, han omgjorde sine lender og sprang foran Akab like til Jisreel."
(1 Kong 18,41-46)
Her ser vi et fint eksempel fra GT om å gå dypt inn i bønn, under andre forutsetninger enn vi har i dag. Det forhindret ikke at Gud Jehova hadde Sine måter å virke Sin vilje igjennom på, som vi da ser her igjennom profetene.

Elias gikk inn i ånden, målbevisst, i tro og forventning - til seieren kom. Og den kom! Herren hadde selvfølgelig hatt profeten Elias i opplæring og utprøving gjennom år, før de store oppgavene og den åndelige forståelsen kom. Her ser vi han fikk en guddommelig energi over sitt fysiske

Slagkraft i åndens verden

legeme på en slik måte at han løp foran
hestene til Akab hele veien til Jisreel! Tenk
deg hva du kan utrette i den **dype bønnen**
som du nå er på vei inn i. Dette vil bli som
et eventyr for deg, og du vil ikke lenger
ønske annet enn å være i bønn i Ånden.

Dyp bønn i Getsemane hagen
La oss gå til Jesus i bønn i Getsemane
hagen: "Og Jesus slet Seg fra dem så langt
som et steinkast, falt på kne, ba og sa: Far
om Du vil, la denne kalk gå Meg forbi! Dog
skje ikke Min vilje, men Din!
Og Han kom i dødsangst og ba enda
heftigere, og Hans svette ble som
blodsdråper, som falt ned på jorden." (Luk
22, 41-44)

Her ser vi Jesus i dyp bønn, den siste
bønnen før korsfestelsen. Han gikk
målbevisst inn i Åndens verden, og Han
visste så godt hvordan Han skulle gjøre det.
Han måtte gjøre det for å møte Gud og
samtale med Ham. Dette gikk så konsentrert
og kraftig for seg at **Hans svette ble som
blodsdråper.** Her tok Jesus den siste store
avgjørelsen, som igjen førte Ham til
Golgata kors hvor Han fullførte det verk
Han var kommet for å gjøre - det fantastiske

forløsningens under for deg og meg. Det er i **dypet i Ånden** og bønnen vi henter svarene og får veiledningen fra Gud.

Dyp bønn på korset

"Deretter, da Jesus **visste at nå var alt fullbrakt**, for at Skriften skulle oppfylles, sier Han: Jeg tørster. Der sto et kar fullt av eddik, de satte da en svamp full av eddik på en isop-stilk og holdt den opp til munnen Hans. Da nå Jesus hadde fått eddiken, sa Han: «**Det er fullbrakt!**» Og Han bøyde Sitt hode og oppga ånden." (Joh 19, 28-30)

Her i Jesu siste minutt, rett før Han oppgir Sin ånd, ser vi at Han er i det fysiske og det åndelige. Her er kommunikasjonslinjen i ånden åpen til Gud, samtidig som Han også er bevisst i det fysiske.

Jesus visste det var fullbrakt

Her ser vi Jesus i det fysisk bevisste, hvor Han overvåker situasjonen og ser at alt går etter Skriften, så den oppfylles. Jesus gikk nå **inn i Ånden,** tok all verdens synd på Seg, og ble gjort til sonoffer for dine og mine synder. Deretter ute i det fysiske bevisste, sier Han: «Det er fullbrakt!»

Slagkraft i åndens verden

Og Han oppgir ånden. Han gir Sitt liv for menneskeheten.

Den evige siste store seieren er vunnet!

Det er 3 måter å få bønnesvarene frem på i den fysiske verden:

1. Vi binder de aktuelle demonene i ånden, og befaler dem å forlate mennesket i den naturlige/fysiske verden. Dette gjør vi når vi er i ånden, i lønnkammeret.

2. Vi binder den aktuelle demonen i ånden, og løser vedkommende person i den naturlige/fysiske verden, der vi er til stede med personen. Vi binder ikke demonen her, det har allerede blitt gjort i åndens verden.

3. Vi er bevisst vår tilstand i ånden, mens vi er i det fysiske, og binder og løser der. Da gjøres begge deler der i den naturlige/fysiske verden.

Disse bønnene avsluttes alltid med signaturen **"i Jesu navn"**.

Sykdomsånder som går rett på legemet

Det er en annen avdeling med
sykdomsånder som går rett på legemet.
Noen fra yttersiden og inn i legemet, mens
andre igjen kan komme via tanker fra
demoner og inn i vårt tankeliv (inn i vår
personlighet/sjel) og derfra inn i legemet.
Vi ber og tror med troens lydighet mot
Guds Ord i Ånden, og beseirer demonene i
ånden - og resultatet kommer i det fysiske.

18

Vil du høre Guds stemme?

Vil du høre Guds stemme, må du inn i Åndens verden. Du må forstå at tanker er åndelige. Alle "forstyrrende" tanker som kommer til deg, uansett hvor alminnelige og personlige de måtte være, er fra Satan - som ikke vil at du skal få roet ned tanker og følelser og skjelne/forstå hvor tankene kommer fra. Det kan ta lang tid innfor Herren, offensivt, før det begynner å stabilisere seg forståelse av dette for deg. **Du må kunne skjelne mellom Guds Ord i din tankeverden, og dine egne ord (din indre stemme).** Klarer du å legge alt til

Slagkraft i åndens verden

stillstand i dine følelser og tanker, holde roen i ett sekund, så vil du høre Guds stemme. Nå som du forstår hvordan skjelne Guds Ord fra dine ord i ditt indre (i din tanke), er du på rett vei. Husk for Herren er en dag som tusen år. Han kan fortelle deg det Han vil på ett sekund. Det som er ett sekund for deg er ca 2 1/2 dag for Herren. (Utfra regnestykket at tusen år er ett døgn). Når du finner sekundet, så kommer tanken/stemmen.

Her er det ikke bønnehyl, Jeriko-marsjer og krigstunger. Dette er virkeligheten.

Virkeligheten i stillheten med Gud

Virkeligheten er i stillheten med Gud, hvor du er hjelpeløs og uten forsvar. Du lengter og er avhengig av å høre fra Gud, slik at livet ditt kan leves til sitt fulle potensial, i Hans vilje. Her i dette ene sekund kan Herren få gitt deg all informasjon du trenger.

Finne roen før du går videre - be i tunger

"Den som taler i tunger oppbygger seg selv". (1 Kor 14, 4)

Når du går inn i bønn på denne måten, kan du roe ned før du går videre. Har noe forstyrrende dukket opp, eller du trenger litt hvile i fremmarsjen, kan du be i tunger inne i deg. Så går du på igjen, jobber bevisst for å få tanker og følelser til å legge seg helt i ro. Be i tunger, og arbeide med å få alle tanker til å bli stille. Selv det å **tenke** at det skal bli stille, er også en tanke - og den må og roes ned.

Lønnkammer-bønn i den Hellige Ånd

La oss se litt på hvordan vi skal komme inn i "lønnkammer-bønn".
Lønnkammer-bønn betyr: **Ro i lite rom, i menneskets indre.**

"Og Jesus sa til dem: Kom nå dere med Meg avsides, til et øde sted - og hvil dere litt." (Mark 6,31)

"Jesus sier: Men du, når du ber, **gå inn i lønnkammeret ditt**; Og når du har lukket døren din, skal du be til din Far som er i det skjulte. Og din Far som ser i det skjulte, skal lønne deg åpenlyst." (Matt 6,6)

Trening: Lukke sansenes porter - legge kjøttet i ro

«Vandre i Ånden, så skal dere ikke fullbyrde kjøttets begjæringer. For kjøttet begjærer imot Ånden og Ånden imot

Slagkraft i åndens verden

kjøttet. De står hverandre imot, så dere ikke skal gjøre det dere vil. Men dersom dere drives av Ånden, da er dere ikke under loven. Men Åndens frukt er: Kjærlighet, glede, fred, langmodighet, mildhet, godhet, trofasthet, saktmodighet, avholdenhet. Mot slike er loven ikke." (Gal 5, 16.18.23)

«Menneskets ånd er en Herrens lampe, den ransaker alt i menneskets indre». (Ord 20, 27)

"Og seks dager deretter tok Jesus med Seg Peter, og Jakobs bror Johannes og førte dem avsides opp på et høyt fjell. Og Han ble forklaret for deres øyne, og Hans åsyn skinte som solen, og Hans klær ble hvite som lyset." (Matt 16,1.2)

Vi leser videre i Lukas: "Jesus sa til Sine disipler: Jeg overgir riket til dere, som Min Far overga det til Meg, for at dere skal ete og drikke ved Mitt bord i Mitt rike." (Luk 22, 29-30)

"Han oppvakte oss med Ham, og satte oss med Ham i himmelen, i Kristus Jesus." (Ef 2,6)

Slagkraft i åndens verden

Salmisten sier: "Herren, hærskarenes Gud, er med oss; Jakobs Gud er vår faste borg." (Salme 46,8)

"Mot den mektige fiendes makt, vil jeg bie på Deg, for Gud er min borg." (Salme 59,10)

Slagkraft i åndens verden

19

Ved Herrens bord - bordet i lønnkammeret, i Ånden

«Jesus sa til Sine disipler: «Jeg overgir riket til dere, slik som Min Far overga det til Meg, for at **dere skal ete og drikke ved Mitt bord i Mitt rike**».
(Luk 22, 29.30)

"Han **oppvakte oss med Ham, og satte oss med Ham i himmelen**, i Kristus."
(Ef 2,6)
«Og **ved troen på Ham har vi adgang med tillit...**» Vi deler nå selskap med

Slagkraft i åndens verden

Moses, Aron, Nadab, Abihu og de 70 av
Israels eldste som spiste ved Herrens bord
på Sinai-fjellet . (Ef 3,12)

«Og de så Israels Gud. Under Hans føtter
var det liksom et gulv av gjennomsiktig
safirsten, klar som selve himmelen. Han
løfter ikke Sin hånd mot de fremste av
Israels barn, **men de skuet Gud - og åt og
drakk».**
(2 Mos 24,10.11)

"Da David var blitt konge, avsatte han plass
ved sitt bord til Jonatans sønn, Mefiboset:
Vær ikke redd, jeg vil gjøre vel imot deg for
din far Jonatans skyld... **du skal alltid ete
ved mitt bord.**" (2 Sam 9,2)

**Hvordan komme til Herrens bord i
lønnkammeret, i ånden?**
Nå snakker vi om å tre inn i et område av
den åndelige verden hvor Gud har
møtestedet mellom Ham og oss. Møtestedet
i den Hellige Ånd, i åndens verden. Hvis vi
skal inn her, må vi ut av sansene og kjøttets
dominerende verden, og over i den åndelige
verden. Gud Jehovas, verden.

Slagkraft i åndens verden

Ditt lønnkammer er inne i deg

Det er en grensesprengende dimensjon som er inni deg, samtidig som den er på det himmelske sted utenfor universene. Vi har møtestedet inni oss, som samtidig er millioner av lysår unna det stedet vi en gang reiser til. Slapp helt av - tro dette. Det er slik det er. Du er på vei inn i et helt nytt liv og en helt ny dimensjon.

Hvordan komme inn i lønnkammeret?

For å komme inn i ditt lønnkammer, må du bevisst avskjære kjøttets gjernings mulighet til å influere deg. Og du må eventuelt omvende deg av hele ditt hjerte, fra kjøttets gjerninger som har vært et problem for deg. For deretter bevisst å lukke sansenes inngangsdører inn til deg, fra sansenes verden rundt deg. Gi nå konsentrasjon mot Gud Jehova, lytt og se i ånden.

Slagkraft i åndens verden

20

Krigen er i gang

Oppgi dine følelser og tanker. Nå må følelsene og tankenes påvirkning på deg legges helt i ro, **så du kan bli i stand til å høre Guds tale** (den Hellige Ånd). Nå hamrer spesielt tanker mot ditt sinn, som krever dyp konsentrasjon for å forsvinne. **Du må slippe tanken på at de skal forsvinne, for det er også en tanke.** Dette blir en trening for seg som vil ta lang tid. I denne lange prosessen vil du begynne å oppleve at nye ting kommer frem i ditt bønneliv. Opplevelser som kommer, før du når frem til full seier i dette.

Slagkraft i åndens verden

En helt ny verden vil åpne seg opp for deg.
Din opplevelse og din måte å være i bønn
på, vil i mange ting bli annerledes fra
andres opplevelser. Dette er meget
personlig og derfor veldig individuelt.

Salmisten sier: "Gud talte, og det skjedde -
Han bød, og det sto der."
(Salme 33, 9)

"Men dette ene må dere ikke være blinde
for, dere elskede, at en dag er i Herrens
øyne som tusen år, og tusen år som en dag".
(2 Pet 3,8)

**Kan vi klare ett sekund å være fri fra
tanker (som er åndelige), så er Herren
der med Sin tale og kan fortelle deg tusen
års historie i det ene sekund. Hvilke
dimensjoner, de er rett ut guddommelige.**

**Kampen om sinnet er med tanker - og
tanker er åndelige**
Bibelen sier: "Grip foruten alt dette, troens
skjold, hvormed dere skal kunne slukke alle
den ondes brennende piler." (Ef 6,16) Så vi
ser at fiendens våpen er tankepiler. Han vil
ikke at du får det roet ned, så du kan høre

Guds stemme. Men det kan du - med trening.

En åndelig valgkamp

For å komme gjennom siste motstand i øyeblikket, må du **tro at** det er Herren som taler til deg i dine tanker. Her kommer Satans tankepiler igjen. Her må du legge ting bort til du finner ro, og **fokusere på det du vil tro.** Tror du det, er du inne.

Utdypende tillegg

Fra den fysiske verden og over i den åndelige verden, i den Hellige Ånd

Det å tilegne seg intellektuell forståelse av teologiske emner, er kun et lite skritt i en riktig retning. Man må i det minste ha en klar forståelse av Guds ord som kan peke en i riktig retning, slik at man kan begynne vandringen.

Hvem har mulighetene?

Et omvendt, gjenfødt, døpt i den Hellige Ånd menneske, som igjen lever i det skrevne Guds ord. Har alle muligheter til å få et nært forhold til Faderen, Sønnen og den Hellige Ånd i den åndelige virkelighet utenfor vår fysiske verden. Dette er noe

Slagkraft i åndens verden

som burde være helt naturlig for enhver
gjenfødt kristen.

De to ting som henger
sammen.

Det er to ting som er helt uatskillelige, de
finner vi i misjonsbefalingen. Jeg nevner
her Markus 16, 15.

"Gå ut i all verden og forkynn evangeliet
for all skapningen." (Mark 16, 15)

Verden

Ordet "verden" fra Gresk og Hebraisk har
flere helt ulike betydninger. Jeg nevner
betydningen **Kosmos,** som er alle universer.
Det universet som vår galakse er en liten
del av, er ikke av de største universer.
Det er flere universer foruten den vi er en
del av. Planeten Jorden er den femte minste
planeten i galaksen med navnet
Melkeveien.

Av andre betydninger har vi **evighetenes
evighet**, vi har **evighetens evighets tid og
rom**. Utenfor alt dette, antar jeg at vi har
himlenes rike og Guds trone. Nå blir
forståelsen av ordet "verden" større.

Skapningen

Mennesket er skapningen. Vi er skapt i Guds bilde. Det er ikke vår fysikk, men det er vår ånd. "Gud er ånd." (Joh 4, 24) det er den usynlige for det fysiske øyet, delen av oss. Vårt legeme er formet, dannet og bygget av jord (Adama fra hebraisk). (1 Mos 2, 7)

I Markus 16, 15 er det to oppgaver i ordet "verden", det ene er evangeliet om Jesus Kristus ut til all skapningen og den andre er ut i all kosmos med all dens tid og rom.
De to arbeidsområder

Krigføring fra og på jorden.

Her er vår arbeidsoppgave å forkynne evangeliet, så alle skapninger får muligheten til å høre det. I denne proklamasjonen av evangeliet utfører vi den åndelige krigføring på jorden, som da er å utøve de oppgaver Mark 16, 17 – 18 leder oss til.

"Og disse tegn skal følge dem som tror: I mitt navn, i Jesu navn skal de drive ut onde ånder, de skal tale med tunger.

Slagkraft i åndens verden

De skal ta slanger i hendene, og om de
drikker noe giftig, skal det ikke skade dem.
På syke skal de legge sine hender og de skal
bli helbredet." (Mark 16, 17 – 18)

Seire på jorden, som gir seiere i åndens verden i Kosmos

Dette er verktøyene for å utøve åndelig
krigføring på jorden. Dette vil gi utslag på
jorden igjennom fysiske seire, som
helbredelser, mennesker blir satt fri fra
demoner etc. Dette igjen vil gi utslag av
seire i åndens verden ute i kosmos.

Krigføringen i Kosmos

Nå kommer vi inn på det som Bibelen
omtaler som bønn. Ordet bønn har mange
forskjellige betydninger også fra
grunnspråkene Hebraisk og Gresk.
Vi har de bønnene som vi kjenner mest til,
som er forskjellige type forbønn. Når vi
kommer til lønnkammer-bønn, begynner vi
å nærme oss det jeg nå vil nevne.

Forskjellig type "bønn" i lønnkammereret

Vi har Paga som betyr angripe, konfrontere.
Daras som betyr søke, besøke og Tehinna
som er ydmyk.

Slagkraft i åndens verden

I ydmykhet innfor Gud, hans ord og den
åndelige verden, søker vi til vi har
lokalisert, også angriper vi.
Vi angriper og vinner seier.

Angrep i ydmykhet
Nå kommer jeg innpå en type bønn av
konfrontasjon og angrep i ydmykhet i
åndens verden. Dette utøves absolutt ikke
med høye rop.
Derimot ved at vi vet hvem vi er, vet hva vi
holder på med og vet hva vi har kommet inn
på av områder i Kosmos. Her kommer vi
kun inn, fordi Herren har ledet oss hit. Vår
stilling her er lyttende mens vi utfører
oppgavene. Herren vil lede hver og en
personlig. Her er det da snakk om å vinne
seire i ånden som gir utslag i det fysiske på
jorden.

Hvordan bli ledet hit.
Jeg vil nevne noen enkle retningslinjer for å
komme i gang. Innsikt i sannhet, må erfares
personlig. I den vestlige verden, som er den
Kristne verden, har vi blitt bundet og låst
fast i så mye religiøse former som har blitt
pålagt oss igjennom generasjoner. Ting som
har blitt en del av oss, uten at vi har merket

det. Dette igjen har gjort oss lite troende av
åndelige virkeligheter.

Vi har latt omstendighetene styre oss, i stedet for Guds ord

Vestens (den kristne del av verden) tro har
vært basert på omstendighetene, som
sansene har vist oss. Ikke på Guds ord, som
igjen har sitt opphav fra den åndelige
verden i Kosmos og forbi ut i Guds rike etc.
Guds ord er vår eneste rettesnor og Jesus
Kristus som er Guds Sønn, er vår og
verdens frelser.

Lønnkammeret og forbi.

Vi må gå i vårt lønnkammer med Gud
alene. Vi må søke han i stillheten, til vi
finner ham. Vi må ha en virkelig
omvendelse og legge kjødets aktiviteter bak
oss. Bare dette er en voldsom jobb, men
denne må gjøres først om det enn tar år. Det
må være en stillhet fra ditt eget kjød, det
som er din kontakt til jorden.

Når det er på plass, går vi inn på søken etter Gud i åndens verden

Nå går vi på søken etter Gud i bønn. Her må
det være full stillhet. Ikke bare stille med
ord, men stillhet i tankene, i denne

Slagkraft i åndens verden

posisjonen må vi arbeide med å få tankene
litt etter litt til å falle til ro. Vi må gjøre
det mulig for Guds tanke å slippe til.

Åndelig krigføring

Her vil Satans tanke piler også prøve å
komme til. Dette er åndelig krigføring.
Satan vil gjøre alt han kan for å stoppe deg
fra å komme igjennom her. Alle de
prosesser du nå er i ferd med å gå innpå, vil
være din læring. Læring med Herren er
alltid personlig og hard. Her i prosessen vil
du lære å takle og omgås tankelivet. Du vil
lære alt som er nødvendig å gjøre og
hvordan gjøre detaljene i henhold til din tro.

Troen en hovednøkkel

Troen er av høyeste prioritet for å komme
fremover i åndens verden. Den er
døråpneren fremover i dette eventyret. Du
vil lære troens viktighet av presisjon i tid og
sted. Du må treffe troen på øyeblikket.
Treffer du ikke må du begynne arbeidet på
nytt. Den som gir opp har tapt, den som
ikke gir opp har allerede seieren.

Din første store seier vil være i tankelivet.

Tankelivet er inngangsporten til åndens

verden og inngangsporten til den fysiske verden. Nå skal du lære skjelne mellom Guds Ånd, den Hellige Ånd og Guds ord til deg, Satans ånd og ord til deg og dine egne tanker og følelser.

Læringen her kommer da du litt etter litt der du lærer og skjelne og adlyde rett. Dette kan gå over lang tid. Du vil få luket bort tanke etter tanke og lærer etter hvert lettere å arrestere tanker og gjenkjenne tanker.

Nå snakker jeg ikke om kjødets syndige tanker. Det er nå et tilbakelagt stadium. Det var allerede bak deg når du først begynte søkingen denne veien. All kamp i åndens verden foregår i tankelivet.

Når det til slutt blir stille i sinnet,
kan du bevege deg utover i tro. Alt foregår i tro. Her nytter ikke forsøk, vantro. Jeg tror det virker nå. Troens egenskap er slik, når du tror det så gjør du det. Før du får tenkt tanker angående tro. Troen er etablert og fungerer på automatikk. Det er læring på hvert et lite punkt. Feil og rett. Det tar måneder og år å komme solid inn i dette. Når du har kommet inn, blir det en verden du vandrer i hver en dag, ut og inn. Du må bare søke å komme inn i posisjonen.

Det var dette Jesus gjorde på fjellet alene om natten.

"Og da Jesus hadde latt folket fare, gikk han avsides opp i fjellet for å bede; og da det var blitt aften, var han der alene.

Jesus måtte igjennom alle ting som et naturlig menneske. Han måtte søke å få kontakt med Faderen som et naturlig menneske må. Han var en foregangsmann for oss i absolutt alle detaljer.

Men båten var alt midt ute på sjøen og arbeidet hardt mot bølgene, for vinden var imot. Men i den fjerde nattevakt kom han til dem, vandrende på sjøen. Og da disiplene så ham vande på sjøen, ble de forferdet og sa: Det er et spøkelse, og de skrek av redsel.

Her ser vi Jesus fra det mirakuløse til stillhet, og til det mirakuløse igjen. Jesus hadde trent opp sin inngang og raske nærvær til Gud Fader, som du også kan gjøre, ved å gå veien for å få det etablert. Gud ønsker en kontinuerlig nærkontakt med deg.

Slagkraft i åndens verden

Men Jesus talte straks til dem og sa: Vær frimodige; det er meg, frykt ikke!

Da svarte Peter ham og sa: Herre! er det deg, byd meg da å komme til deg på vannet!

Han sa kom! Og Peter steg ut av båten og gikk bortover vannet for å komme til Jesus." (Matt 14, 23 – 29)

Du kan leve bevisst på jorden og i den åndelige verden samtidig fylt av den Hellige Ånds kraft.

21

Nådestolen (hilasterion) - Herrens tronstol og spesielle åpenbaringssted

Herren sa til Moses: "Og Jeg vil komme sammen med deg der, fra nådestolen. Mellom begge kjerubene som er på vitnesbyrdets ark, vil Jeg tale med deg og si Israels barn." (2 Mos 25,22)

På den store forsoningsdagen gikk ypperstepresten inn i det aller helligste. Da gjorde han soning for sine og folkets synder. Nådestolen var midtpunktet. En røyksky måtte skjule nådestolen, så ypperstepresten ikke skulle dø.

Slagkraft i åndens verden

"Og Gud sa: Du kan ikke se Mitt åsyn, for ikke et menneske kan se og leve."
(2 Mos 33,20)

Offeret var ikke nok – blodet måtte sprinkles på nådestolen og foran nådestolen

Blod av syndofferoksen og syndofferbukken sprenges på nådestolen og foran nådestolen. Slik ble det gjort soning for helligdommen, og den ble renset for Israels barns urenhet og for alle deres overtredelser.

"Deretter skal han slakte den bukk som skal være syndoffer for folket, og bære dens blod innenfor forhenget. Han skal gjøre med dens blod liksom han gjorde med oksens blod, og sprenge det på nådestolen og foran nådestolen."
(3 Mos 16,15)

Nådestolens ekko fra GT klinger igjen i verden

"Gud stilte til skue i Hans blod, som en nådestol ved troen, for å vise Sin rettferdighet - fordi Han i Sin langmodighet hadde båret over med de synder som før var gjort." (Rom 3,25)

"Og ikke med blod av bukker og kalver, men med Sitt eget blod, en gang inn i helligdommen og fant en evig forløsning." (Heb 9,12)

Tenk hvilken seier! Gud Fader i himmelen var villig til å gi Sin Sønn som sonoffer for verdens synd. Jesus Kristus var villig til komme ned til jorden og bli sonoffer for verdens synd. Jesus, Guds levende Sønn, kom til jorden med Guds eget hellige blod i Sine årer. Han brakte det tilbake til Gud, Sin Far, like ubesmittet av synden som det var da Han kom med det. Dette var blodet som var det **eneste** som ville kunne gjøre soning for verdens synd. Jesus Kristus brakte det tilbake til Guds helligdom i det himmelske, og sprinklet det over nådestolen i himmelen. Nå var menneskene forløst i Hans blod, det eneste de nå trenger å gjøre - er å ta imot det.

Blodets makt - seieren
Få med dette fra det Gamle Testamentet først. Dette var en virkelighet som skjedde for israelittene i Egypt. Gud ga

forordninger om ofringene av offerlammet og ordre om utførelsen av det. Vi ser i versene som kommer - ofringen av lammet og lammets blod ble samlet i skålen.

"Gå og hent småfeet for deres familier og slakt påskelammet!

Og dere skal ta et knippe isop og dyppe i blodet som er i skålen, og stryke på det øverste dørtre og på begge dørstolpene og noe av blodet i skålen, og ingen av dere skal gå ut av sin husdør før om morgenen.
Når ødeleggeren ser blodet går han forbi. For Herren skal gå igjennom landet for å slå egypterne, og når han ser blodet på det øverste dørtre og på begge dørstolpene, skal han gå døren forbi og ikke la ødeleggeren få komme inn i deres hus og slå dere." (2 Mos 12, 21-23)

Korsfestelsen regnet Satan som sin store seier
Satan trodde at nå var seieren vunnet for ham. Han hørte Jesus si på korset: «Det er fullbrakt», men forsto ikke meningen av det

i sin "falske Sataniske seiersrus". Satan
holdt seiersfest der nede i den svarte, urene,
kalde "fryktens hall". Alle demoner var kalt
inn for å tilbe Satan. Det gjorde han fordi
Jesus Kristus Guds Sønn var død. Satan satt
på sin trone og sa: «Jeg har beseiret Guds
Sønn, Jesus Kristus». Dette satte Satan i
gang med øyeblikkelig etter Jesus var blitt
begravet.

Det Satan ikke visste
Det gikk en, det gikk to, det gikk **tre** dager:
"Jesus sto opp ifra de døde." (Matt 28, 6)
Etter oppstandelsen gikk Han til Sine
disipler. Guds fullkomne, gjennomtenkte
seiersplan var ennå ikke fullendt. Blodet var
ennå ikke brakt til nådestolen i himmelen.
(Joh 20, 17)

**Blodet ble brakt tilbake til himmelen for
å sprinkles på nådestolen**
Jesus Kristus brakte nå blodet tilbake til
Guds helligdom i det himmelske, og
sprinklet (heb. nasah) det over nådestolen i
himmelen. Nå var frelsesverket fullbrakt. (3
Mos 16, 14-16)

Vi leser: "Men da Jesus Kristus kom som
yppersteprest, for de kommende goder, gikk

Slagkraft i åndens verden

Han igjennom det større og mer fullkomnere telt, som ikke er gjort med hender, det er: Som ikke er av denne skapning, og ikke med blod av bukker og kalver, men med Sitt eget blod, en gang inn i helligdommen og fant en evig forløsning.

For så sant blodet av bukker og okser og asken av en kvige, når det sprenges på de urene, helliger til kjøttets renhet, hvor mye mer skal da Kristi blod, Han som ved en evig Ånd bar Seg selv frem som et ulastelig offer for Gud, renset deres samvittighet fra døde gjerninger til å tjene den levende Gud!" (Heb 9, 11-14)

Menneskeheten var reddet, frelst. Menneskeheten var forløst i Jesu blod. Det eneste de nå trengte å gjøre, var å **la Jesus bli Herre i sine liv. Da ville forsonings virkelighet bli dem til del.** Etter at blodet var sprinklet på nådestolen, ble det svarte svartere i Satans "fryktens hall" - og alt ble stille.
Kristus hadde vunnet den evige seier, og Satan visste det mer enn noen. Han visste han og alle demonene var dømt til "ildsjøen, med ild og svovel, hvor de skulle pines dag og natt i all evighet." (Åp 20, 10)

Slagkraft i åndens verden

Gjennom universets korridorer ned til "fryktens hall"

Budskapet ble sendt fra Gud, det runget gjennom kosmos ned til Satan og demonene: Jeg har mottatt Min Sønns blod, det er sprengt på nådestolen.

Kraften er i blodet

Det levende, hellige, uberørt av synden, Jesu Kristi dyre blod.
"For dere vet at dere ikke med forgjengelige ting, sølv eller gull, ble løskjøpt fra deres dårlige ferd, som var arvet fra fedrene, men med Kristi dyre blod, som blodet av et ulastelig og lyteløst lam."
(1 Peter 1, 19)

Det er seier i Jesu navn på grunn av blodet som ble sprengt på nådestolen i det himmelske

"Herren Gud Jehova, Israels Guds Ånd er over Meg, fordi Herren har salvet Meg til å forkynne et godt budskap for de saktmodige; Han har sendt Meg til å forbinde dem som har et sønderknust hjerte, til å utrope frihet for de fangne og løslatelse for de bundne." (Jes 61, 1)

Slagkraft i åndens verden

**Festen var over i "fryktens hall", Satans
tronerom**
Verdens lys kom inn og Satan og demonene
måtte bøye kne og erkjenne at Jesus Kristus
er seiersherren.

"Atter talte da Jesus til dem og sa: Jeg er
verdens lys: den som følger Meg, skal ikke
vandre i mørket, men ha livsens lys." (Joh
8, 12)

"For du skal ikke forlate min sjel i
dødsriket, ei heller skal Du overgi din
hellige til å se tilintetgjørelse." (Apg 2, 27)

**Jesus Kristus, Guds levende Sønn, vant
en evig seier**

22

Jesu Kristi forsoningsverk på Golgata

Mannen på korset

Barabbas ble frikjent, mens Jesus ble pisket med en nihalet pisk kalt "katten".

"Da ga han dem Barabbas fri, men Jesus lot han piske og overga Ham til å bli korsfestet." (Matt 27,26) Da de slo Ham med denne pisken, var det som en katt grep Ham bakfra med sine klør.

Slagkraft i åndens verden

Den virkelige torturen var da de dro pisken tilbake. Da ble Han bokstavelig talt revet opp i ryggen av den nihalete pisken. På de ni halene var det festet små beinbiter, jernbiter og glass. For en vanlig dødelig menneskekropp, ville behandlingen av dette fryktelige torturredskap alene, kunne forårsaket døden.

Bibelen sier: "Syndens lønn er døden, men Guds nådegave er evig liv i Kristus Jesus, vår Herre." (Rom 6,23) Jesus var uten synd, Han var Guds hellige. Han var Guds egen Sønn, med Sin Fars blod i Sine vener og arterier.

Han kunne ikke dø

De slo Ham 39 ganger med dette grusomme torturredskap. De slet huden Hans i biter. Hvilken lidelse og tragedie. Profeten Jesajas sier: "Slik mange ble forferdet over Deg, så ødelagt var Han, Han lignet ikke en mann, Han så ikke ut som et menneske." (Jes 52,14) Og mens Han var i denne tilstanden, tok de av Ham klærne og ga Ham en purpurfarget kappe. Så satte de en tornekrone på hodet Hans og en rørstav i hånden. De knelte ned foran Ham, spottet Ham og sa: "Hyll Jødenes konge!" De

spyttet på Han, tok staven ifra Ham og slo
Ham i hodet med den. Etter at de hadde
spottet Ham slik, tok de på Han klærne
igjen og ledet Han bort for å bli korsfestet.
De la korset på Hans skuldre for at Han
skulle bære det selv.

Soldatene spotter Jesus
"Landshøvdingens soldater tok da Jesus
med seg inn i borgen og samlet hele
vaktstyrken omkring Ham. De kledde av
Ham og hengte en skarlagenrød soldatkappe
på Ham, flettet en krone av torner og satte
den på hodet Hans og ga Ham en stokk i
høyre hånd. De falt på kne foran Ham,
hånte Ham og sa: «Vær hilset, du jødenes
konge! Og de spyttet på Ham, tok stokken
og slo Ham i hodet. Da de hadde hånt Ham,
tok de av Ham kappen og kledde Ham i
Hans egne klær." (Matt 27,27-32)

Jesus blir korsfestet
Så førte de Jesus bort for å korsfeste
Ham. På veien ut møtte de en mann fra
Kyréne ved navn Simon; ham tvang de til å
bære Jesu kors. Så kom de til det stedet som
kalles Golgata, som betyr
«hodeskallestedet». Der naglet de Ham til
korset. Der hang den levende Guds Sønn

Slagkraft i åndens verden

opphengt på et kors, mellom himmel og jord. Han hadde blitt torturert på den mest ondskapsfulle måten med pisken, for deretter å bli hengt opp på korset. Der hang Han og kunne ikke dø, **for døden var syndens lønn, og Han hadde ikke synd.**

"Syndens lønn er døden, men Guds nådegave er evig liv i Kristus Jesus, vår Herre." (Rom 6,23)

Dette var en forferdelig situasjon. Over hodet Hans hang det et skilt med tiltalen mot Ham: «Dette er Jesus, jødenes konge». To røvere ble også korsfestet sammen med Ham, en på hver side. (Matt 27,37.38) **De som gikk forbi, spottet Ham og sa: «Du som river ned tempelet og bygger det opp igjen på tre dager, frels deg selv!» På samme måte stoppet også yppersteprestene og de skriftlærde, og de sa: «Andre har Han frelst, men Seg selv kan Han ikke frelse. Han sier Han er Israels konge, Jehova, la Han stige ned fra korset så skal vi tro på Ham».**

"De som gikk forbi, ristet på hodet og spottet Ham: Du som river ned tempelet og bygger det opp igjen på tre dager! Hvis Du er Guds Sønn, så frels Deg selv og stig ned av korset! På samme måte hånte også overprestene Ham sammen med de skriftlærde og de eldste. De sa: Andre har Han frelst, men Seg selv kan Han ikke frelse. Han er jo Israels konge; nå kan Han stige ned av korset, så skal vi tro på Ham! Han har satt Sin lit til Gud." (Matt 27,39-42)

Det som folket rundt korset ikke forstod, var at Jesus kunne ha steget ned fra korset, og i det samme fått sin fysiske kropp gjenopprettet. Deretter kunne Han straffet dem. Men Han gjorde ikke det.

Det var ikke naglene som holdt Ham til korset, men kjærligheten til menneskeheten, deg og meg!
Det var du og jeg som skulle hengt der. Jesus var uten synd! Han var Guds hellige. Han tok din og min synd på Seg slik at vi skulle gå fri! **I samme stund som naglene ble drevet gjennom Ham, så begynte Hans blod å flyte. (Den gamle pakts offertid opphørte her på Golgata - og en ny tidsalder startet, nådens og åpenbaringens tidsalder.)**

Gjeldsbrevet mot oss ble slettet

"Gjeldsbrevet mot oss slettet Han, det som var skrevet med lovbud; Han tok det bort fra oss da Han naglet det til korset." (Kol 2,14)

Det var den hellige Guds blod som fløt for dine og mine synder - det aller siste offer mellom Gud og mennesket.

På helvetes dørterskel

En av røverne som hang ved Jesu side, ropte til Ham og sa: «Jesus, husk på meg når du kommer i Ditt rike!" Jesus sa til ham: "Sannelig sier Jeg deg, i dag skal du være med Meg i Paradis."

Lukas forteller: "En av forbryterne som hang der, spottet Ham også og sa: Er ikke Du Messias? Frels da Deg selv og oss! Men den andre irettesatte ham og sa: Frykter du ikke Gud, enda du har samme dom over deg? For oss er dommen rettferdig, vi får bare igjen for det vi har gjort. Men Han har ikke gjort noe galt! Så sa han: «Jesus, husk på meg når du kommer i Ditt rike! Jesus svarte: «Sannelig, Jeg sier deg: I dag skal du være med Meg i Paradis." (Luk 23,39-43)

Hvilken demonstrasjon, hvilken proklamasjon, hvilken kjærlighet midt i smertene! Djevelen var forvirret. På den ene siden ville han se Jesus død, og på den andre siden prøvde han å friste Ham til å komme ned fra korset. Og midt i all denne tragedien viste Jesus hvorfor Han kom inn i denne verden. Han rev bokstavelig talt denne røveren ut av Satans grep, på helvetets dørterskel. Han sa: I dag skal du være med Meg til Paradiset. Hvilken mann, hvilken Jesus!

Han ga Sitt liv - ingen kunne ta det
Matteus-evangeliet sier: "Fra den sjette time falt det et mørke over hele landet helt til den niende time. Og ved den niende time ropte Jesus med høy røst: Elí, Elí, lemá sabaktáni?» Det betyr: « **Min Gud, Min Gud, hvorfor har Du forlatt Meg?** Noen av dem som sto der, hørte det og sa: Han roper på Elia. Og en av dem løp straks fram, tok en svamp og fylte den med vineddik, satte den på en stang og ville gi Ham å drikke. Men de andre sa: «Vent, la oss se om Elia kommer for å redde Ham.» Men **Jesus ropte igjen med høy røst og oppga ånden. Da revnet forhenget i tempelet i to, fra øverst til nederst.** Jorden skalv, og

klippene slo sprekker. Gravene åpnet seg, og kroppene til mange hellige som var sovnet inn, ble reist opp. Etter Jesu oppstandelse gikk de ut av gravene og kom inn i den hellige byen, hvor de viste seg for mange." (Matt 27, 45-53)

Bibelen sier at Gud ved dette **avvæpnet maktene og myndighetene** (Satans hærskarer) **og stilte dem åpenlyst til skue, da Han viste Seg som seiersherre over dem på korset!** "Han kledde maktene og åndskreftene nakne, og stilte dem fram til spott og spe da Han viste Seg som seierherre over dem på korset". (Kol 2,15)
Jesus kunne ikke dø, for døden er syndens lønn. Men der på korset lot Jesus hele verdens synd - og resultatet av den - ramme Seg selv. På grunn av Sin evige kjærlighet til deg og meg, tok Han som var uten synd, din og min synd på Seg. Vi skulle dødd i syndens grep. Jesus Kristus, Guds levende Sønn, ga Sitt liv der på korset som den store triumfator for oss. Ingen kunne ta Hans liv - Han ga det som et evig offer for oss. "Sannelig, våre sykdommer tok Han, våre smerter bar Han. Vi tenkte: Han er rammet, slått av Gud og plaget. Men

Han ble såret for våre lovbrudd, knust for våre synder. Straffen lå på Ham, vi fikk fred, og ved Hans sår ble vi helbredet."
(Jes 53,4.5)

Hva folket ikke så
Etter at Jesus hadde gitt Sitt liv på korset, begravde de Ham. "Da det ble kveld, kom en rik mann som het Josef. Han var fra Arimatea og var også blitt en disippel av Jesus. Han gikk til Pilatus og ba om å få Jesu kropp. Pilatus ga da ordre om at den skulle bli utlevert. Josef tok Jesu kropp, svøpte den i et rent linklede og la den i en ny grav, som var hugget ut til ham selv i bergveggen. Så rullet han en stor stein foran inngangen og gikk." (Matt 27,57-60)

Men i ånden gikk Jesus inn i dødsriket som den store triumfator. Han gikk inn i djevelens tronsal. Djevelen hadde en fest gående, for han trodde han hadde drept Jesus. Men der kom Jesus inn til Ham og sa med autoritet: «Gi Meg nøklene til døden og dødsriket!» «Jeg har nøklene til døden og dødsriket».
(Åp 1,18) Djevelen falt ned skjelvende og ga Jesus nøklene. Og Jesus forlot den evig beseirede Satan, og låste opp dørene for de gamle hellige som hadde ventet på denne

Slagkraft i åndens verden

dagen. **Den fullkomne, evige seier var
vunnet**: Jesus fortsatte sin seiersmarsj.

Den nye pakts begynnelse var kommet
Den gamle pakten var slutt, den nye pakt
var nå født: Der Jesus hadde forløst Sitt
eget blod, som et segl over dokumentene
som innstiftet den nye pakt innfor Gud. Nå
har vi et segl for den nye pakten, ikke med
blod av okser og geiter, men det forente
guddommelige og menneskelige blod.

«Men Kristus er kommet som øversteprest
for alt det gode vi nå har. Han har gått
gjennom det teltet som er større og mer
fullkomment, og som ikke er laget av
menneskehånd, det vil si: Som ikke tilhører
denne skapte verden. Ikke med blod av
bukker og kalver, men med Sitt eget blod
gikk Han inn i helligdommen én gang for
alle og kjøpte oss fri for evig". (Heb 9,11)

I Israel gikk ypperstepresten inn i det aller
helligste rommet i tempelet, en gang i året,
med blod for å dekke over syndene til det
åndelig døde Israel. Men Kristus går **en
gang for alle** inn i Helligdommen i
himmelen med Sitt eget blod, og oppnår en
evig forløsning for oss. Jesus Kristus, Guds

levende Sønn, kom inn i verden i ydmykhet og med guddommelig autoritet. Han forlot verden i ydmykhet og med guddommelig autoritet. Med Sitt blod åpnet Han **en ny og levende vei for oss alle til å ha fellesskap med Gud.** Han forlot oss levende i Ham, med Hans guddommelige autoritet. Jesus sa det slik: "Jeg er veien, sannheten og livet. Ingen kommer til Faderen uten ved Meg. Har dere kjent Meg, skal dere også kjenne Min Far. Fra nå av kjenner dere Ham og har sett Ham." (Joh 14,6)

Jesus - den uslåelige Jesus Kristus, selveste Jehova i menneskelig skikkelse.
Ingen gjenkjente Ham, men Gud Jehova (som betyr: den selveksisterende som åpenbarer Seg), var blant vanlige mennesker i 33 og et halvt år med en guddommelig hensikt.
Bibelen sier: «Den som gjør synd, er av djevelen, for djevelen har syndet fra begynnelsen av. Og det var for å gjøre ende på djevelens gjerninger at Guds Sønn åpenbarte Seg." (1Joh 3,8) Hans blod var guddommelig i seier og ydmykhet. Han ga Sitt liv for deg og meg, som den seirende Jesus Kristus, den selveksisterende som

Slagkraft i åndens verden

åpenbarer Seg. "Han var i dødsriket med all
seier." (Åp 1,18)

Han stod opp fra graven den tredje dag - seieren var vunnet for evig

"Ved daggry den første dagen i uken, kom
kvinnene til graven, og hadde med seg de
velluktende oljene som de hadde laget i
stand. Da så de at steinen var rullet fra
graven. Og de gikk inn, men fant ikke
Herren Jesu kropp. De visste ikke hva de
skulle tro, men med ett sto det to menn hos
dem i skinnende klær.
Kvinnene ble forferdet og bøyde seg med
ansiktet mot jorden. Men de to sa til dem:
Hvorfor leter dere etter den levende blant de
døde? Han er ikke her, Han er stått opp!
Husk hva Han sa til dere mens Han ennå
var i Galilea:
Menneskesønnen skal overgis i syndige
menneskers hender, og korsfestes, og **den
tredje dagen skal Han stå opp.** Da husket
de Hans ord! Og de vendte tilbake fra
graven og fortalte alt dette til de elleve, og
til alle de andre. Det var Maria Magdalena,
Johanna og Maria, Jakobs mor, som
sammen med de andre kvinnene fortalte
dette til apostlene. De mente det hele var
løst snakk, og trodde dem ikke.

Slagkraft i åndens verden

Peter sto likevel opp og **løp til graven,** og da han bøyde seg inn i den, så han ikke annet enn likklærne. Så gikk han hjem, fylt av undring over det som hadde hendt." (Luk 24,1-12)

Han ga Sitt blod, kjøpte en evig seier til deg og meg i Sitt navn - det navn som er over alle andre navn! Det vidunderlige og seirende navnet **Jesus.** Hele Hans eksistens, Hans vesen og Hans personlighet, ja hele Hans liv er seirende! Og det er for deg, alt sammen. Hele Hans liv, fra Han kom inn i jomfru Marias morsliv, og til Han gikk tilbake til Faderen igjen, var en demonstrasjon på den alt overvinnende seier som er i Guds kjærlighet.

Slagkraft i åndens verden

23

Den Hellige Ånds ild og kraft er her for oss

"Han gjør Sine tjenere til flammende ild", sier Hebreerbrevet 12. Det sies i tilknytting til: "Vindene gjør Du til sendebud, ild og luer til Dine tjenere". Ordet fra Klagesangen 1,13 gikk bokstavelig talt i oppfyllelse. Salmisten sier: "Herren sendte ild fra det høye, den gikk meg gjennom marg og bein." (Salme 104,4)

Fredrik Wisløff har noen visdomsord

Han sier i denne sammenheng i sin bok om Den Hellige Ånd: "Så mang en Herrens

Slagkraft i åndens verden

tjener **hemmes i åndelig kraft** av en **mangelfull overgivelse** til Gud. Deres alt er ikke stilt til Guds disposisjon. Og **før alt er lagt på Herrens alter, faller ikke Herrens ild"**. Legges alt på alteret, vil man oppleve at Åndens gaver vil komme og tilkjennegi seg. Døren vil være åpen for gavenes virke i ens liv. Når alt er på alteret, er det ikke "bare" en dåp i den Hellige Ånd. Det er Gud som fyller deg fra håret helt ned i fotsålene. Du blir et Guds tilholdssted, du blir Guds hus, huset for den allmektige Gud. Gud kommer og presenterer Seg selv for deg. La oss aldri bli opptatt av "fenomenene" eller gavene. La oss ikke gjøre de til merke for vår virksomhet. La oss alltid la Herren få æren og være vårt sentrum. **Alt er lagt til rette for oss - vandre i Den Hellige Ånds ild og kraft.**

24

Autoriteten i Jesu blod

Jesu blod er helt ubeslektet med Adams blod. Jesus ble ikke unnfanget ved en eggcelle fra Maria, det lå på et guddommelig, mye høyere plan. Jesus er skapt av Gud Jehova, fikk dannet et legeme og innblåst livets ånde. Også vi er åndelige skapninger. Vi er på et høyt nivå, selv om vi ikke alltid føler det i hverdagen. Men Herren vil at det skal bli et fundament inni oss.

Midt i problemene så er det seier!

Det er et grunnfeste i oss som gjør at vi er bevisste vår seiersposisjon. Selv om vi står midt i et problem, så er vi likevel hevet over det.

"Gud dannet et legeme for Kristus og la det i Marias liv." (Heb 10,5)

"Jesus Kristus (personen) kom ned fra himmelen og inn i Marias liv."
(Salme 107,20) Og denne personen som ble lagt inn i Marias liv, hadde Guds eget blod i Sine årer. Jesus Kristus kom ned fra himmelen og ble født her på jorda. Fullt menneske - og fullt Gud.

Bibelen sier: "Og Ordet ble kjøtt og tok bolig i blant oss. Og vi så Hans herlighet, en herlighet som den enbårne Sønn har fra Sin Far, full av nåde og sannhet." (Joh 1,14)

Her kom det til jorden en helt spesiell person, Guds egen Sønn - **Gud selv**. Han vandret på jorden i over 33 år. Men mennesker forsto det ikke, for de hadde ikke noen åpenbaring. Men Kristus vandret på jorden, med Guds hellige blod i Sine årer. Og blodet ble bevart like hellig og rent for all evighet. Det ble aldri tilsmusset. Derfor kunne Jesus si: "Jeg er veien, sannheten og livet." (Joh 14,6)

Slagkraft i åndens verden

Hva slags type liv var det Jesus hadde?
Han hadde Guds type liv, Guds natur.
Alfa- og Omega-livet. Han hadde det **evige**
livets natur. Dette kunne Han si fordi Han
var uten synd. Hadde disiplene hatt en
smule av åpenbaring, ville de forstått at Han
er **livet**. Og Han er ikke bare livet, Han er
livets opphav.

Han er livet
Han er livet på det hellige og rene blodets
grunnlag. Slik var Jesus da Han kom hit
ned. "Da sa Maria: Se, jeg er en Herrens
tjenerinne. Meg skje etter Ditt Ord. Og
engelen skiltes fra henne." (Luk 1,38)

Allerede her var Maria villig. Hun behøvde
ikke ha gjort det, hun kunne ha sagt «nei»
og gått imot Herrens Ord. Men hun sa «ja»
- og hun ble redskapet. Vers 39-46: «Men
Maria stod opp i de dager og skyndet seg til
fjellbygdene, til en by i Judea. Og hun kom
inn i Sakarias hus og hilste på Elisabet. Og
det skjedde da Elisabet hørte Marias hilsen,
så sprang fosteret i hennes liv. Og Elisabet
ble fylt med den Hellige Ånd og ropte med
høy røst og sa: Velsignet er du blant
kvinner, og velsignet er ditt livs frukt.
Hvorfor skjer dette meg, at min Herres mor
kommer til meg? For se, da lyden av din

hilsen nådde mitt øre, sprang fosteret i mitt liv av fryd. Og salig er hun som trodde, for fullbyrdes skal det som er sagt henne av Herren. Da sa Maria: Min sjel opphøyer Herren, min ånd fryder seg i min Frelser».

Jeg er livet
Maria forstod at det var noe viktig på gang, så det gjaldt å være lydig mot det himmelske som hadde kommet over henne. Hun forstod det. "Jeg er livet" sa Jesus (Joh 14,6), og det var dette som ble lagt ned i Maria.

Jesus Kristus kom til jorden med Guds eget blod i Sine årer

"Det første menneske, Adam, ble til en levende sjel. Den siste Adam er blitt til en levendegjørende Ånd." (1 Kor 15,45) Kristus kom som den levendegjørende Ånden. Den Ånden som gir liv og utfrielse. Menneskets ånd var gjort urene for Gud på grunn av syndefallet, men Jesus kom som den første levendegjørende Ånden. Han måtte bære denne Ånden i Seg - og det hellige, ulastelige, ubesmittede Guds blod i Sine årer, da Han vandret på jorden.

Slagkraft i åndens verden

For at blodet kunne utgytes for
menneskeheten, skulle hele Jesu skikkelse
skjenkes og legges ned, slik at disse
livgivende, evige sannheter kunne bli oss til
del. Dersom dette går opp for deg, da har alt
gått opp for deg. Da har du det, og da gjør
du det. Da løper du ut på det. Gud er i vår
midte, Han er i oss.

Slagkraft i åndens verden

25

Gud i Kristus, ønsker bare å få uttrykt Seg gjennom oss

Kristus hadde en blodtype ulik alle andre blodtyper. Alle menneskelige blodtyper er urene på grunn av syndefallet. Det finnes kun en blodtype som er ren, og den finnes kun i den himmelske blodbanken. For det er dit den ble brakt, tilbake til Gud. Fordi det var Guds eget blod. Jesu blod er fullkomment. Uten skrøpeligheter. Ikke influert overhode av fallet i Edens hage. Ikke berørt av det Adam og Eva gjorde. Det har aldri vært i nærheten av noe urent.

Slagkraft i åndens verden

Den eneste rene blodtypen: Kristi dyre blod. (1 Pet 1,19) Dette er blodtypen som har renset oss. Det evige, ubesmittede blodet som var i Jesu årer. Han levde med det midt i denne urene verden. I skjøgers hus, i drikkelag, overalt var Kristus, personen med dette hellige, rene blodet. Han var iblant oss i over 33 år, og det ble aldri besmittet av synd! Her er det snakk om kvalitet og autoritet, i Jesu Kristi blod. Det er helt umulig å verdsette Kristi blod, livets blod.

Dødt blod trekker til seg fluer. I det Gamle Testamentet står det om Beelsebul, fluenes herre (eller de fordervede fluers fyrste), djevelens sendebud. Jesu blod har akkurat den motsatte virkningen på fluer. Akkurat den motsatte virkningen av Beelsebul. **Fluene, demonene, djevelen flykter når Jesu blod nevnes.** Derfor har vi en evig seier på grunn av Jesu blod. Det er autoritet som er høyere enn noen menneskelig autoritet, og den er basert på Jesu dyre blod.

Alle ondskapens åndehærer flykter like hurtig fra Jesu blod, som fluer trekkes til dødt blod. Derfor er det viktigere enn noen

Slagkraft i åndens verden

sinne at vi blir grunnfestet i disse enkle sannhetene. Tenk deg noe så fantastisk som det som er skrevet: "Jesus, Hans Sønns blod, renser oss fra all synd". (Joh 1,7) Vi er frie! Vi er ikke syndere hvis vi har tatt i mot Jesus. Vi er renset i Hans blod. Satan har ikke noe med oss å gjøre i det hele tatt, for vi er beskyttet i Jesu Kristi blod. Alle Satans angrep på oss er løgn, fra begynnelsen til enden.

Jesus blod er vår beskyttelse - fordi vi er i pakten.
Jesus har vunnet en evig seier for oss. Blodet er vår arvedel. Vi er i Jesus. Gud ser på oss gjennom Ham, gjennom blodet. Vi er frie.

"Uten at blod blir utgytt, skjer ingen forlatelse." (Heb 9,22)

Jesus ga Sitt blod en gang for alle, for hele menneskeheten. Det var nok. Pakten inngikk Kristus med Gud, en gang for alle. Da ble det evig beseglet, da var seieren der. **Vi får beseglingen i den nye fødsel,** og da er pakten vår, en gang for alle - når vi forblir i Kristi nåde med livene våre.

Seieren er vår, og den har vært det i over 2000 år. Om vi bare kunne gripe dette, mer og mer, hva Kristus har gjort for oss!

Slagkraft i åndens verden

"Han er kledd i et kledebånd som er dyppet i blod. Og Han er kalt Guds Ord." (Åp 19,13) "Det er tre vitner, Ånden, vannet og blodet." (1 Joh 5,8)

26

Blodet, nåden og Ordet

**Disse tre flyter sammen:
Det skrevne Guds Ord har ingen
autoritet uten Kristi blod. For Guds Ords
liv er i blodet.** Når vi griper disse enkle
sannhetene vil alt bli annerledes for oss.

1 Hvorfor har vi autoritet og liv? **Jo, fordi
det ligger i blodet.**

2 Derfor sanksjonerer Gud i Ordet, **når vi
er i blodet, i nåden.**

Slagkraft i åndens verden

3 Det har blitt vår pakt, **blodspakten. Det er det som gir oss autoriteten!** Ikke egne prestasjoner.

Den Hellige Ånd er i fullkommen overensstemmelse med blodet og vannet, altså Ordet, som igjen er Kristus. Disse tre er uadskillelige. De er ment og skapt for å kunne fungere sammen. For å kunne bli en ytring av Guds overnaturlige energi på jorden, gjennom dem som har gitt sine liv til Kristus og blitt født på ny - renset i paktsblodet. Disse vet at de er i pakten. **Ved det Gamle Testamentets ofringer kan vi se at blodet av lyteløse, feilfrie dyr ble stenket på bokrullen. Hvorfor? Fordi boken er livløs for den som leser den - om ikke blodet har vært der på forhånd!**

På samme måte er det i dag. Bibelen er livløs for oss - om ikke blodet har vært hos oss på forhånd. Kun en type mennesker har mulighet til å få innsikt i Ordet, det er dem som er født på ny, renset i blodet, og som lever i pakten.

Dette er vår del i Kristus

Vi kan hvile i pakten, hvile i blodet. Vi behøver ikke å prestere noe selv. Gud sendte Sin egen Sønn, Sitt eget blod. Jesus ga Seg selv, Sitt blod for menneskeheten.

Slagkraft i åndens verden

Han brøt Satans makt - en gang for alle.
Han var i dødsriket, triumferende, og hentet
nøklene. Så stod Han opp igjen fra de døde.
Denne seieren er vår, uavhengig av alle
omstendigheter. Det er dette som gjør deg
frimodig. Jesus er fantastisk, og du vet det.
Da kan du komme inn i hvilen, i pakten.
Det er Han som har gjort det.

Slagkraft i åndens verden

Slagkraft i åndens verden

27

Livet er i blodet - autoriteten er i blodet

Guds Ord har ingen autoritet i våre liv, uten at vi er i blodet. At vi er født på ny og renset. Da vil Ordet automatisk få autoritet gjennom våre liv, da vi gjør som Ordet sier. Og Gud er Ordet - og Faderen, Sønnen og den Hellige Ånd er ett.

Hva var det som gjorde at Ordet fikk autoriteten? Det skjedde fordi Jesus frembar Sitt eget guddommelige blod uten synd til Sin Far. Da fikk navnet Jesus Guds kraft og autoritet. Jesus reiste tilbake til Sin Far i himmelen.

Slagkraft i åndens verden

«Far, sa Han, her har Du tilbake pundet som Du ga Meg. Han hadde fått blodspundet av Sin Far, og Han kom ikke tilbake tomhendt. Han hadde frikjøpt hele menneskeheten, milliarder på milliarder blodpund tilbake. På det grunnlaget overga Gud all Sin kraft og autoritet til Sin Sønn. "Jesus sa: Meg er gitt all makt i himmel og på jord." (Matt 28,18)

På soningsdagen i det Gamle Testamentet ofret de ikke bare 10 - 20 lyteløse dyr. De ofret opp til 100.000! Det står skrevet at Kedron-bekken fløt over sine bredder i flere dager - av dyreblod. **Da Gud lot Sin Sønn gi Sitt liv, åpnet Han en kilde som skulle strømme i all evighet.** Sakarias sier: "På den dag skal det være en åpnet kilde for Davids hus og for Jerusalems innbyggere mot synd og urenhet."

Jesu blod, utgytt en gang for alle. Verket er fullbrakt, seieren vunnet

Gud har talt, dommen er satt. Denne blodskilden fra himmelens trone flyter alltid foran Satans hær. Når vi synger og snakker om blodet, flyter det. Når dette blir grunnfestet i ditt indre, vil alltid Satan ha stor respekt for det livet som er i deg.

Djevelen får panikk når han kommer i kontakt med blodets autoritet. Han vet at han er evig beseiret. Hvis du ser dette, så har du det. Og det du har kan du gi, og det kan tas imot av alle som vil ha det. "Og de har seiret over ham i kraft av Lammets blod og de Ord de vitnet." (Åp 12,11)

Vitnesbyrdets proklamasjon av Guds Ord

Vitnesbyrdet, proklamasjonen av Guds Ord på Ordets grunn. Med full viten og overbevisning om at det her holder i all evighet. Blodsofringene i GT var bare med og viste oss svakt betydningen av Jesu blod, og hvilken autoritet det er i navnet Jesus. Blodet er utgytt en gang for alle. Så vi kan gå like inn i helligdommen - på blodets grunn.

"Da vi altså brødre, **i Jesu blod har frimodighet til å gå inn i helligdommen,** så la oss tre frem med sanndru hjerter i troens fulle visshet, renset på hjertene." (Heb 10,22)

Det er ikke nok å tro på en historisk Jesus og et historisk blod. Blodet er levende og virkekraftig og syndtilgivende, Satan- og demonbeseirende, og er nå hos Far i himmelen. Vi må tro at det fungerer nå. At vi kan gå like innenfor Gud nå, og bruke det i vår hverdag.

28

Still Antikrists ånd til skue!
En mørkets hersker, en myndighet av
dødeligste slag, har blitt tolerert av de
troende på Jesus i så lang tid. Den
innflytelse denne makten har fått i
menighetene, regnes som «normal». Dette
djevelske vesen er Antikristens ånd. Denne
ånd manifesterer seg overalt der sann
kristendom er. Dette er en demon som er
religiøs av natur. Der sann kristendom dør
ut, får den makt.

Slagkraft i åndens verden

Dette skal vi skjelne/prøve
Denne ånd motsetter seg på det sterkeste
den gjenreisning av Jesu Kristi
menighet/fellesskap som kommer til syne i
dag. **Demonen** er rett og slett slik navnet
sier den er, **en ånd som er imot Kristus, en
anti Krists ånd.**

Er Antikrists ånd iblant oss i dag?
I denne Antikrists maktutøvelse ser vi
demonenes sjalusi, frykt, uforsonlighet og
ærgjerrighet med mer. En mer sleip demon
enn dette også. Demonen kommer med
falsk forståelse, ydmykhet, kjærlighet og
godhet. Denne demonen bruker hva som
helst som trengs for å hindre uavhengige
fellesskap (menigheter) til å bli Kristi
"væpnede og farlige" legeme.

**Uttrykket «Antikrist» for snevert, når
det begrenses til en mann i framtiden**
Det er fort gjort å låse vår tolkning av
Antikrist til en bestemt person, som vil
åpenbares like før Kristus kommer tilbake.
Ja, de fleste kristne er enige om at et slikt
menneske til slutt vil komme til syne.

"Han er den som står imot og opphøyer seg
mot alt som tilbes og kalles Gud.

Slagkraft i åndens verden

Ja, han tar sete i Guds tempel og gjør seg
selv til Gud." (2 Tess 2,4)

Men hvis dette er Antikrist i sin
menneskelige, manifesterte form, beskriver
dette verset også naturen (eller kjernen) av
Antikrists usynlige ånd. Denne Antikristens
ånd har vært alminnelig i menigheten siden
det første århundret.
Du kjenner sikkert igjen alt det jeg her har
nevnt. Den er rundt omkring oss,
Antikristens ånd. Apostelen Johannes slår
enkelt fast, at det var "mange Antikrister" i
det første århundret.
Han skrev: "Mine barn, nå er det den siste
tid. Dere har hørt at Antikrist skal komme,
og mange Antikrister har alt stått fram." (1
Joh 2,18)

Når vi sammenligner dette verset med 2
Tess 2,4, ser vi at vår forståelse av uttrykket
"Antikrist", har vært for snevert, når vi har
begrenset det til en mann i framtiden.
Johannes sa at "… mange antikrister har alt
stått fram." (1 Joh 2,18)

Slagkraft i åndens verden

Antikristens ånd er i våre menigheter/fellesskap i dag, i det politiske liv over hele verden, og i alle verdens religioner, utenom kristendommen

Vil du erkjenne situasjonen - full kontroll, styring og undertrykkelse?
Vil du erkjenne at slik er situasjonen? Husk, den er slik enten du erkjenner det eller ikke! Disse demonene trives blant kristne i et land som Norge. Her har "janteloven" et kraftig tak. Men mer enn det: Kristne våger ikke stå opp for sin rett, men lar seg heller manipulere av nevnte demoner gjennom mennesker, i menigheten/fellesskapet. Dette blir da kontroll og styring. Videre "tror vi ikke dårlig om noe eller noen". Her kommer vi inn på det å **prøve ånder**. Det skal vi gjøre, men for å utøve dette, **kreves det at våre liv er overgitt til Kristus.** Da vil vi automatisk få en funksjon på dette området i våre liv. Demonene får full kontroll over alle ting i fellesskapet/menigheten, hvis vi ikke reiser oss som folk, med Guds Sønns liv manifestert i og gjennom oss.

I det politiske liv

Europa var et kristent kontinent. Jeg bekjenner at det er det fremdeles og at vi alltid vil være det.

Når det er sagt: De kjente filosofer gjennom de siste århundrer, har klart å påvirke Europas befolkning kraftig med sine antikristlige teorier.

En teori er en ikke-bevist påstand

Med andre ord, en ikke-bevist teori er ingenting å ta hensyn til. **Vi må forholde oss til fakta! Guds Ord, Bibelen er fakta.** Det er selve skapelsesrealitetenes bok, bevist og utprøvd til minste detalj.

Politikere er hjernevasket av antikristlige teorier

Når politikere står frem med sin personlighet, adferd og sine meninger, er de som de antikristelige teoriene de har blitt foret med. Mye av det dem står for er ispedd filosofiske teorier. Når dette ligger i bunnen for alle avgjørelser og meninger, kan det ikke annet enn gå galt.

Politikere styrt av Satans tankepiler

Slagkraft i åndens verden

Politikerne forstår det selvfølgelig ikke, men de er Satans tjenere. Satan styrer gjennom mennesker, det er hans eneste mulighet til å styre. Politikerne tror det er deres meninger og tro de har, men det er den tro og de meninger Satan har gitt dem gjennom tanker fra filosofiske teorier (som stammer fra de siste århundrer).

Tenk på hvilke politiske teorier Karl Marx skrev i England, som Lenin førte frem i Russland. Alt sataniske tanker, for å ødelegge nasjonen Russland.

I religionene

Her ligger alt opp i dagen. De religionene som ikke har en sterk tro på Bibelens helhet, de som ikke har troen på den Hellige Ånd, Gud Fader og Jesus Kristus Guds levende Sønn. De som ikke har tro på Kristus som verdens Frelser og forløser, gjennom Sitt forsoningsverk på Golgata - er ikke av Gud Jehova.

29

Dette er vårt fundament

"Dere elskede; tro ikke enhver ånd, men prøv åndene om de er av Gud! For mange falske profeter er gått ut i verden. På dette skal dere kjenne Guds Ånd: Hver ånd som bekjenner at Jesus er Kristus, kommet i kjøtt, er av Gud. Hver ånd som ikke bekjenner Jesus, er ikke av Gud; og dette er Antikristens ånd, som dere har hørt kommer, og den er allerede nå i verden." (1 Joh 4,2.3)

Slagkraft i åndens verden

Her er kampsituasjonen

De som ikke har dette som fundament, har Antikrists ånd. Altså en ånd som er imot Kristi Ånd. Ser du den sanne åndelige kampsituasjonen? Det fantastiske oppe i alt, er at seieren er vår i Jesus Kristus. Her er det, som du forstår, et enten/eller - ikke både/og eller nøytral.

Jesus sa: "Den som ikke er med Meg, han er imot Meg, og den som ikke samler med Meg, han spreder." (Matt 12,30)

Krig fra dag en

Vi alle er i en åndelig krig som gjenfødte. Den dagen du ga ditt liv til Kristus, gikk du inn i krigen. Livet med Kristus er krig og lidelse. Det er de to hovedelementene i sammen med det skrevne Guds Ord, som vil gi deg åndelig vekst i Kristus. Vær klar over en ting: Enten du er villig til å ta krig og lidelse på deg som en Jesu disippel, eller ikke - så vil du **alltid være i en åndelig konfrontasjon.** Vår reelle virkelighet, vår verden, er ikke planeten Tellus, Jorden. **Vår reelle virkelighet, vår verden, er en åndelig verden.** Det du ikke ser, står alltid bak det du ser. Vår verden er åndelig

Tilbake til 1 Johannes brev som sier: "…
mange Antikrister har alt stått fram".
(1 Joh 2,18)

Det er viktig å få med at Johannes faktisk
snakket om mennesker som en gang
tilsynelatende var medlemmer av det
forente, kristne samfunnet i byen.
Apostelen forteller oss: "De er gått ut fra
oss, men de var ikke av oss, for hadde de
vært av oss, så var de blitt hos oss, men det
skulle bli åpenbart at ikke alle er av oss." (1
Joh 2,19)

Hva var det som motiverte disse villfarne
mennesker? Senere i brevet avslører
apostelen at det var Antikristens ånd. Han
skriver videre i kapittel 4:

"Hver ånd som **ikke bekjenner Jesus**, er
ikke av Gud; og dette **er Antikristens ånd**,
som dere har hørt kommer, og den **er
allerede nå i verden**." (1 Joh 4,3)
Johannes omtaler her Antikristens ånd med
klare ord, og slår fast at den allerede er i
verden. Johannes definerer denne ånden
som **en ånd som ikke bekjenner Jesus.
Kristi natur**

Bekjennelsen av "Jesus Kristus"

For de hellige i det første århundre, betydde det **å bekjenne Jesus** noe **mer** enn bare å nevne navnet Hans etter en bønn. Å erkjenne Ham, Kristus Jesus, var **ensbetydende med å tale ut fra en tilstand av enhet med Ham.** Slik at det ble gjort **mulig for Hans Ånd å manifestere Seg.**

"Derfor, hver den som kjennes ved Meg for menneskene, han skal også Jeg kjennes ved for Min Far i himmelen." (Matt 10,32)

De bekjente personen Jesus, ikke bare navnet Jesus!
De bekjente Kristus med alt de var og hadde.

Antikristens natur

I 1 Johannes brev forklarer Johannes naturen i Antikristens ånd: "Vi er av Gud, den som **kjenner** Gud, **hører oss**. Den som **ikke** er av Gud, **hører oss ikke**. På **dette** kjenner vi sannhetens Ånd og villfarelsens ånd. Dere elskede! La oss elske hverandre! For kjærligheten er av Gud, og hver den som **elsker**, er født av Gud og **kjenner**

Gud. Den som ikke elsker, kjenner ikke Gud, for Gud er kjærlighet." (1 Joh 4,6-8)

Skjelne mellom Kristi Ånd og Antikristens ånd

Vi kan skjelne (eller prøve) mellom sannhetens Ånd og villfarelsens ånd. Eller mer nøyaktig: Skjelne mellom Kristi Ånd og Antikristens ånd. Det er bare å se på **hvor mye av Kristi kjærlighet som er i virksomhet** i mennesker, eller i et fellesskap/menighet. Jesus sier: "Ett nytt bud gir Jeg dere, at dere skal elske hverandre. Liksom Jeg har elsket dere, skal også dere elske hverandre." (Joh 13,34)

Et menneske/menighet som tror Gud er tilfreds med dem selv om de ikke vandrer i kjærlighet, tjener kanskje i virkeligheten Antikristens ånd! Kristne skal kunne kjenne/vite at de har kjærlighet til hverandre. Da Johannes skrev om sannhet og villfarelse, talte han spesielt om Antikristens ånd - og vår åpenhet for denne ånd gjennom ukjærlige holdninger i menigheten! Denne Antikristens fremgangsmåte er langt mer utspekulert og virkningsfull enn det som kanskje vil skje når "syndens menneske" framstilles åpent.

Slagkraft i åndens verden

Antikristens ånd forherder hjertet, hindrer det i å elske. Den gir næring til uforsonlige holdninger, kritikk og uenigheter rundt læremessige detaljer. Dette er den "sterke mann" bak de fleste menighetssplittelser.

Når vi følger Kristus, kalles vi til å la tilgivelse og kjærlighet bli en måte å leve på. Kjærligheten vil gjennomsyre vår personlighet og adferd. Det er absolutt "anti" Kristus å rettferdiggjøre uforsonlighet, splittelse og selviske ambisjoner.

30

Antikristens ånd

kan forkle seg som en hvilken som helst sak, men stridsspørsmålene er bare et redskap denne sataniske myndighet bruker til å splitte menigheter og fellesskap.

Antikristens ånd er rett og slett den ånd som er anti-Kristus!

Den er anti-kjærlighet, anti-tilgivelse, anti-forsoning! Den **egentlige årsaken** til mange **splittelser**, er ganske enkelt kristne som **holder fast ved noe annet enn Kristi Ånd og lære.** Hvis man snur situasjonen rundt, slik at alle parter er enige om å underlegge seg Kristus Jesus, vil kjærlighet og seier komme.

Ydmykheten seirer

Paulus opplevde mye med sin ydmykhet til det kallet Gud hadde gitt ham. Jo lenger han levde, jo mer vokste han i ydmykhet. I år 56 skrev han til en menighet han hadde startet i det uberørte området i Korint. Dette var på hans tredje misjons reise. Dette var ti-elleve år før han ble halshugget i Rom. Han var en veteran i tjenesten for Jesus. Tenk hvilket redskap denne mannen var for Gud til menneskeheten. Hans brev vil være til hjelp for menneskeheten til Jesus kommer igjen. Hør hva han allikevel sier:

"Men sist av alle, ble Han sett av meg som det ufullbårne foster; for jeg er den ringeste av apostlene og er ikke verd å kalles apostel, fordi jeg har forfulgt Guds menighet." (1 Kor 15, 9)

Du kan høre ydmykheten i hans ord. Tenk, han så ikke seg selv verdig til å bære tittelen apostel. Dette var ingen falsk ydmykhet.

Slagkraft i åndens verden

Falsk ydmykhet

Falsk ydmykhet vet hvordan den skal bruke korrekte ord, for å virke ydmyk, og likevel finnes det ikke noe ydmykhet i hjerte eller sinn. Det er bedragersk og falskt. Når Paulus her skriver, inspirert av den Hellige Ånd, kan han ikke lyve! Paulus sa han var den minste av apostlene. Han brukte ikke korrekte ord og sjargong. Han ga utrykk for ekte ydmykhet. Paulus sier i neste vers: "Men av Guds nåde er jeg det jeg er, og Hans nåde mot meg har ikke vært forgjeves. Men jeg har arbeidet mer enn de alle, dog ikke jeg, men Guds nåde som er med meg." (1 Kor 15,10)

Den langsomt voksende veien å gå til ydmykhet

Denne kommentaren høres litt arrogant ut, men er ikke det. Uttalelsen følger en annen uttalelse om Paulus` forståelse, erfaring og avhengighet av Gud. Hans vurdering av seg selv, var at «han var den minste av apostlene». Samtidig sier han, at «alt han har gjort, kun var ved Guds nåde». Han var fullstendig klar over, at alt han hadde oppnådd åndelig sett, var ene og alene på grunn av de evnene Gud hadde gitt ham. Etter å ha skrevet 1 Korinterbrev, oppnådde

Slagkraft i åndens verden

han mer enn i noen annen tidsepoke i livet sitt. Les hva han sa om seg selv:

«Til meg, som er den aller minste av alle de hellige, ble den nåde gitt at jeg skulle forkynne evangeliet om Kristi uransakelige rikdom for hedningene».   (Ef 3,8)

Flere år tidligere kalte han seg den ringeste av apostlene. Her beskriver han seg som den aller minste av de hellige". Hvis det var noen som kunne skryte av sitt lederskap og sin kristne tro, så måtte det være Paulus. Jo lenger han tjente Herren, desto mindre anså han seg selv å være. Ydmykheten hans vokste gradvis. Kunne det være årsaken til at Gud avslørte Sine veier så detaljert for Paulus at det forvirret selv apostelen Peter? (2 Pet 3,15.16)

«Han lærer den ydmyke Sine veier».
(Salme 25,9)

I lys av dette: Kunne dette være årsaken til at Moses kjente Guds veier så godt? Den samme mannen som Guds beskriver som «meget ydmyk, mer enn noe annet menneske på jorden». (4 Mos 12,3) Kanskje begge disse to kjente til en hemmelighet,

Slagkraft i åndens verden

ved hvilken de kunne oppnå stor tro til Gud,
som få andre hadde oppnådd?

Se på dette verset sammen med meg: "Men
Åndens frukt er kjærlighet, glede, fred,
langmodighet, mildhet, godhet, trofasthet,
saktmodighet, avholdenhet.
Mot slike er loven ikke." (Gal 5,22.23)
Kjenner du det treffer deg som en bombe?
Tenk deg hvilke kvaliteter Herren vil gi oss
i våre liv, allerede her nede på jorden - hvis
vi er villige til å legge våre liv ned for
Jesus. Javisst er det en hard lidelsens vei å
gå, som Paulus gjorde. Men det er mulig å
gå den, og de åndelige kvalitetene kan
oppnås. Den fullkomne frihet er din i
Kristus Jesus, den finnes ingen andre steder.

"Til frihet har Kristus frigjort oss; Stå
derfor fast, og la dere ikke igjen legges
under trelldoms åk! Se jeg, Paulus, sier
dere, at dersom dere omskjæres og går
tilbake til det gamle livet, så vil Kristus ikke
tjene/gagne dere." (Gal 5,1)

Slagkraft i åndens verden

Slagkraft i åndens verden

31

**Det nye livet i Kristus leder deg fremover
- hvis du vil**

**Åndens frukter, som et kjede av
guddommelighet**
Når vi leser Galaterne 5,22, ser vi Åndens
frukter skrevet som på et kjede.
Det er en ting som er i samme klasse, men
som ikke står i dette verset. Det har sin helt
naturlige forklaring: Det er fordi det ikke er
en Åndens frukt. Det er noe som vi må
jobbe målbevisst med, gjennom vårt
viljeliv. Da vil vi komme inn i et ydmykt
liv, litt etter litt, som en gjenfødt troende på

Slagkraft i åndens verden

Jesus Kristus: Det er **ydmykhet.** Ditt første skritt inn i ydmykhet, skjer den dagen du bøyer deg for Kristus, og lar Ham bli Herre i ditt liv. Du har kanskje alltid vært stolt og arrogant. Kommer du seriøst til Kristus og vil at Han skal være din Herre, må du ta ditt første skritt inn på ydmykhetens vei. Hvis du ikke gjør det, blir du ikke født på ny. Derimot, **bøyer du deg for Kristus, vil ydmykhets-prosessen starte** og fortsette gjennom hele livet ditt. Når prosessen med ydmykhet har startet, og du lever overgitt til Kristus og til det skrevne Guds Ord, vil også Åndens frukter bli synlig ut ifra din gjenfødte ånd og ut igjennom din sjel/personlighet og ditt legeme. Det vil synes i øynene dine, høres i stemmen din og sees på din adferd. Når du følger Kristus av hele ditt hjerte, er den fullkomne frihet din.

Frihet fra Antikrist personlig
Vi har alle tankemønstre og festninger i vårt sinn, som er skapt og befestet av Antikristens ånd. La oss ikke forsvare de tankene som er anti Kristus; la oss heller avsløre dem som synd og se dem beseiret. Antikrist har eksistert lenge. Hans tankemønster vil kanskje ikke plutselig forsvinne fra oss.

Slagkraft i åndens verden

Men hvis vi kan skille mellom Kristi kjærlige stemme og Antikrists arrogante opprør, kan vi ta avgjørende skritt på veien mot et liv som er likedannet med Kristus.

Hvordan kan du vite at det er mangel på kjærlighet?

Hvordan kan du vite om det er mangel på kjærlighet du kjenner inni deg, når du står overfor andre fellesskap/menigheter eller personer. Tenk ikke på det! Bare be så kraftig du kan! Du vil ganske raskt oppdage at det blir avstand mellom deg og fienden, og mer nærhet mellom deg og Herren. **Den Hellige Ånd** er en person som vil være **din medhjelper.** På denne måten kan du samarbeide med Herren, når det gjelder alle ting. Den Hellige Ånd er en virkelighet, som vil lede og støtte deg - når du **vil** bli ledet og støttet.

Kristenhet uten Antikrists innflytelse

Antikrist vil alltid forsøke å gi inntrykk av at han er Gud. Det ser vi klart i New Age-bevegelsen, kommunismen, hinduismen og alle andre religioner. Antikrist går målbevisst inn for å forvrenge våre grunnleggende oppfatninger av kristendommen.

Det har han gjort helt siden sen-apostolisk tid, helt fra det som kalles urkirken. Festningsverket av Antikrists tenkemåte, er faktisk en «akseptabel» tilstand i menigheten. Denne ånd har i den grad «tatt sete i Guds tempel» og «gjort seg selv til Gud» i mange forsamlinger av troende.

«Han er den som står imot og opphøyer seg mot alt som tilbes og kalles Gud. Ja, han tar sete i Guds tempel og gjør seg selv til Gud». (2 Tess 2,4)
Jeg fikk plutselig øynene opp for at denne myndighet søker «å opphøye seg mot alt som tilbes og kalles gud». Når jeg ved anledninger har nevnt i private samtaler litt om ting som dette, blir det stille. Mennesker vil leve i bedrag og fangenskap, de vil ikke ha ubehag. Det blir ubehag i perioder med forandring. Det må til hvis vi vil videre.

Antikrist står imot sannheten
Antikrists ånd står bokstavelig talt imot sannheten, og særlig da når ny sannhet åpenbares i menneskets natur. Den motsetter seg all bevegelse i retning av liv i Kristi legeme. I fellesskap der denne ånd har tilhold, vil den gjennom øynene til dem som bærer dens festningsverk i sitt sinn,

skule på en stakkar som kommer med et lite
«amen» i begeistring over forkynnelsen.
Forstår du hva jeg snakker om? Du har
sikkert vært borte i flere av disse
variantene. Da jeg fikk øynene mer opp for
Antikristens ånd, kunne jeg målbevisst gå
til krig mot denne ånden. Avslør den! Prøv
ånden! Bind Antikristens ånd der du møter
den - og kast den ut! Stå fast på det du gjør,
og den **må** gå.

**Antikristens ånd har trengt seg dypt inn i
«vanlige kristne» fellesskap**
Antikristens ånd har kommet så langt inn, at
dens bedrag forkynnes fra talerstolene og
godtas i benkeradene!

Antikristens ånd er "verdens hersker"
"For vi har ikke kamp mot kjøtt og blod,
men mot makter, mot myndigheter, mot
verdens herrer i dette mørke, mot
ondskapens åndehærer i himmelrommet."
(Ef 6,12) Når du "ser" og forstår det jeg
snakker om, når du får din personlige
åpenbaring (som jeg tror du får nå), så har
du seieren i din hånd og i din ånd. Du
gjenkjenner og binder Antikristens ånd
overalt, og du kaster den ut. Og du står på
seieren!

"Vær derfor Gud undergitt, stå djevelen imot - og han skal fly fra dere."
(Jak 4,7)

32

Avsløre Jesabels ånd

Det er en ånd med en størrelse vi nesten ikke aner dimensjonene av i verden i dag. Den ånden er ikke av Gud, men den er beseiret av Gud gjennom Hans Sønn, Jesus Kristus. Det er en måte å tenke på, som får florere uhindret i verden. Denne tenkemåte også menigheter, gjennom Satans tankepiler. La os se på noen av Jesabels gjemmesteder:

"Men jeg har dette imot deg, at du lar kvinnen Jesabel holde på, hun som kaller seg profet, men som med sin lære lokker

Slagkraft i åndens verden

mine tjenere til å drive hor og spise avgudsoffer." (Åp 2,20)

Gjenkjennelse av Jesabels ånd i samfunnet

Når vi snakker om Jesabels ånd, så gjenkjenner vi den i vårt samfunns sensualitet, uhindrede trolldomskunster og hat mot mannlig autoritet. For å forstå Jesabels ånd, må vi forstå denne personlighetens opprinnelse ut ifra Bibelen. Når du hører snakk om at menighetene er like verdslige som verden, så er det fordi Jesabels ånd har blitt sluppet inn. Første gang Jesabel nevnes, omtales hun som kong Akabs opprørske og manipulerende hustru. Det var denne ånd, virksom gjennom dronning Jesabel, som fikk over ti millioner hebreere til å bøye seg for Baal - alle unntatt sju tusen trofaste sjeler.

Profeten konstaterer: "Israelittene har sviktet Din pakt; Dine altere har de revet ned, og Dine profeter har de drept med sverd." (1 Kong 19,14)

Slagkraft i åndens verden

**Se hva en ånd fra mørkets rike kan gjøre
- når den ikke blir tatt**

Denne ånd sto så godt som alene ansvarlig
for at en hel nasjon ble fordervet! Og denne
myndighet kommer mot oss med full styrke
i dag. Kan du se det?

Jesabel er innbitt selvstendig og intenst
opptatt av å skaffe seg fortrinn og kontroll.
Det er verd å legge merke til navnet
"Jesabel", direkte oversatt fra hebraisk,
betyr "uten samliv." Det betyr at hun rett og
slett nekter "å leve sammen med" eller "bo
sammen med" noen som helst.

**Jesabel vil ikke være sammen med noen,
med mindre hun kan kontrollere og
dominere forholdet**

Når hun virker underdanig og
"tjenestevillig," er det bare for å sikre seg et
strategisk fortrinn. I sitt hjerte bøyer hun
seg ikke for noen. Vær oppmerksom på at
ånden som fikk fram Jesabel, eksisterte **før**
denne navnesøsteren. Selv om vi refererer
til Jesabel som "hun", er denne ånd/demon
uten kjønn.

Likevel er det viktig å merke seg, at mens
de fleste myndigheter har menn i
lederstillinger som hovedmål, er Jesabel

mer tiltrukket av den kvinnelige psyke, med dens velutviklede evne til å manipulere uten bruk av fysisk makt. Vær forberedt på at Jesabel vil sikte på kvinner som er blitt bitre på menn, enten på grunn av forsømmelse, eller misbruk av autoritet.

Kontroll

Denne ånd opererer gjennom kvinner som ønsker å kontrollere og dominere andre på grunn av sin usikkerhet, sjalusi eller forfengelighet. Jesabel er der bak kvinnen, som i andres påhør ydmyker sin mann med tungen sin, og som siden bruker hans frykt for offentlig uthenging til å kontrollere ham. Selv om hun måtte benytte seg av alle former for seksuell perversitet som ondskapen kan oppdrive, er ikke umoral målet. **Kontroll** er du hun søker etter, og hun bruker kraften i det seksuelle begjæret til å innta menn. For en kvinne under Jesabels innflytelse, behøver ikke det å "beseire" en mann å innebære fysisk kontakt, hvis et forførende blikk er nok til å fange ham. Jeg håper du fikk øynene dine opp nå.

Kampen øker

Siden apostlenes dager, og særlig siden den elektroniske tidsalderen tok til, er kampen i den åndelige verden blitt langt sterkere. Det er vanskelig for oss i vår generasjon å bedømme hvor omfattende den krigføringen er som hamrer løs på verden - og særskilt Kristi menighet. Egentlig kunne vi forventet at krigen ville ha avtatt: Antall demoner og Satan har ikke forandret seg siden det første århundret. Satans innpass hos menneskets sjel er større enn noen gang, takket være massekommunikasjon og litteratur.

Johannes skrev om denne tiden i Åpenbaringsboken: "Ut av gapet spydde slangen vann etter kvinnen (menigheten), som en elv, for å rive henne vekk med strømmen." (Åp 12,15)

Vann i denne sammenhengen er symbol på ord

I vår verden kommer det en flom av **ord** og **visuelle bilder** ut av Satans munn. Vårt samfunn har, gjennom teknologiske framskritt, gjort sinnets og hjertets synd mer tilgjengelig. Mer enn noen gang før blir den kjødelige tanke, med dens åpenhet for denne Sataniske flom av urenhet og opprør,

Slagkraft i åndens verden

formet til et mektig festningsverk for Satan.
I vår informasjonsfylte og
underholdningssøkende verden, kan selv
underordnede demoner få stor innflytelse
ved ganske enkelt å innta forfattere og
produsenter av filmer og TV-program. Ja,
Satan har alltid vært "herskeren i luftens
rike." (Ef 2, 2)

"Luftens rike" (åndens verden) er ikke bare vind

Men vi må erkjenne at "luftens rike" ikke
bare består av vind. I vår tid ser vi at dette
riket også omfatter de elektroniske bølgene
som bærer med seg radio og TV-signaler.
Derfor må vi finne ut nøyaktig hvor Satan
har sine innfallsporter til våre liv, og stenge
dem igjen. Vi kan ikke tilbe Gud søndag
formiddag, og så tolerere Jesabel gjennom
en umoralssk underholdning søndag kveld.
Det er med dette i tankene Ordet sier: «Jeg
er den som gransker nyrer og hjerter». (Åp
2,23)

Det er nemlig **i vår indre helligdom**, i vårt
private sjelsliv, at vi begynner å **tolerere**
Jesabel. Det er her inni oss, at **toleransen
må opphøre.**

33

Frigjør fangene

Flettet inn i samfunnsstrukturen
Jesabels ånd har uhindret flytt inn i underholdningsindustrien. Den er i moteverdenen; den har eksamener i filosofiske fag ved våre skoler og universiteter. Hvor finner du områder i vårt samfunn der innflytelsen av denne ånd **ikke** merkes? Vanskelig å finne.

Slagkraft i åndens verden

Denne ånd ødelegger politikere og forkynnere

Denne ånden ødelegger politikere og forkynnere. Hun er den grusomme inspirator bak abort. Det er Jesabel som står bak når ektefeller ikke lenger er fornøyd med hverandre.

Fremdeles er menigheten favorittstedet

Denne ånd holdt til i menigheten i Tyatira, da den Hellige Ånd avslørte den for 1900 år siden. (Åp 2,19-29) Fremdeles er menigheter favorittstedet for Jesabels ånd.

Jesabels ånd er ute etter både kvinner og menn

Det finnes respektable menn som elsker Gud og ønsker å tjene Ham, men som i hemmelighet likevel er Jesabels fanger i sitt hjerte. De skammer seg dypt over å være bundet av pornografi, og de kan knapt styre sin trang etter kvinner. Spør dem om å be, og deres ånd er stappfull av skyld og skam. Deres bønner er intet annet enn sukk fra Jesabels hoffmenn.

De kommer for å søke Gud i menigheten, men Satans tanker går på dem

Det finnes gode kvinner som kommer til menigheten for å søke Gud, men denne ånd får dem til å fantasere om mennene i forsamlingen, og beklager for dem at deres ektemenn ikke er like "åndelige" som andre ektemenn. Snart utvikler disse kvinnene problemer som "bare pastoren" kan forstå. Damer, det er de eldre kvinnene, de gudfryktige kvinnene i menigheten, du først skal søke råd hos! Ikke pastoren eller eldstebrødre.

"De gamle kvinner ... skal være veiledere i det gode. For at de kan lære de unge kvinner å elske sine menn og sine barn. Å være sindige, rene, huslige, gode lydige mot sine egne menn, for at Guds Ord ikke skal bli spottet!" (Titus 2,3-5)

Når du reiser deg mot Jesabels ånd - vil den slutte å angripe

Hvis du må gå til en menighetsleder for å få sjelesorg, så bli ikke støtt når han ber sin kone eller en eldre, gudfryktig kvinne om å delta. Enhver som blir truffet av denne ånd, må først av alt be inderlig om tilgivelse og fullstendig omvende seg fra alle velvillige tanker om den - og så gå til krig i mot den! Ikke sløs bort dager og uker i fordømmelse.

Slagkraft i åndens verden

Gå imot, og du seirer

Skill deg av med all Jesabels tenkning som
ble påført deg i din ungdom. Ta opp Åndens
sverd og kjemp mot myndigheten Jesabel!
Be for de hellige i din menighet. Be for alle
de kristne der du bor. Kjemp du mot Jesabel
når hun frister deg. Da vil du etter hvert bli
farlig! Denne ånd vil slutte å angripe deg,
når den ser at dine aggressive motangrep
setter mennesker fri.

Hvem er det Jesabels ånd har størst sjanse til å få innflytelse over?

Når vi skal identifisere hvem det er størst
sjanse for at Jesabels ånd å få innflytelse
over, må vi innse at denne demon også kan
operere gjennom menn. Jesabel begjærer
faktisk de forfinede egenskaper en
profesjonell musiker innehar. Spesielt når
denne mannen har ambisjoner og
muligheten til å bli lovsangsleder - eller
musikalsk leder i en menighet. Hun vil også
prøve å komme til pastoren selv, og han vil
da bli svært autoritær og steil i sin kontroll
over menigheten. En slik pastor vil uten tvil
isolere seg fra fellesskapet med andre
pastorer, og unngå å stå ansvarlig overfor
dem.

Denne mannen vil oppdage at han lokkes til å opprettholde kurtiserende og flørtende relasjoner - en "spesiell fortrolighet" - med en elle flere kvinner i menigheten. Meget trolig vil han før eller siden gi etter for utroskap.

Likevel foretrekker denne ånd egenskapene i en kvinnenatur
Siden enkelte kvinner i tjeneste er mer engasjert enn andre, følger det naturlig at disse vil være mål for Jesabels ånd. Menighetsledere bør merke seg dette. Denne ånd vil forsøke å manøvrere seg til en lederposisjon. Husk, Jesus sa om Jesabel: "Hun ... kaller seg profet."

"Men jeg har imot deg at du lar kvinnen Jesabel råde, hun som **sier** at hun er en profetinne, og som lærer og forfører Mine tjenere til å drive hor og eter avgudsoffer." (Åp 2,20)

Hun kaller seg profet - vær på vakt
En kvinne kan fungere profetisk, hun kan være salvet av Gud til å tjene i delegert autoritet som profet. Men når hun insisterer på å bli anerkjent, når hun manipulerer eller fullstendig overser det mannlige lederskapet

i menigheten, når "hun **kaller seg** profet,"
så vær på vakt! Bønneledere,
menighetssekretærer, lovsangs- og
musikkledere, pastorer og pastorkoner -
dere er alle utsatte mål for denne ånd! Alle
dere som tjener i disse funksjonene, bør
gjøres oppmerksom på og advares mot den
krigføring som kan rettes mot dere. Våre
øyne må være åpne, vår forståelse og
kjennskap til Jesabels ånd klar.

Jesabels verste fiende
Den verste fienden Jesabel har, er
profetene. Det hun frykter mest av alt er at
folk omvender seg. Selv om denne ånd vil
infiltrere menighetene, og forkle sitt
kontrollbegjær med sanne kristne
læresetninger, vil den gjemme seg for sann
omvendelse.

**Jesabel hater ydmykhet - åndelighet
måles i ydmykhet**
Jesus lærte oss at i Hans rike måles storhet
etter barnlig ærlighet i hjertet. Ikke etter hva
vi ser ut til å være overfor andre. En sann
tjeneste er villig til, og ivrig etter, å
underordne seg og stille seg ansvarlig
overfor andre tjenester.
Det er det typiske for tjenersinnet. Derfor

må vi lære at åndelighet måles i ydmykhet - ikke i makt.

Jesabel hater profetene

Profetene taler mot henne, profetene er hennes verste fiender. Når hun går til krig, er det for å få folk til å reise seg mot budskapet fra den profetiske menighet. Mer enn hun hater profetene, hater hun det Ordet de taler. Hennes virkelige fiende er Guds talte Ord.

Jesabel hater Gud selv

Hun hater det faktum, at Gud vil ta det svakeste og laveste, og bruke dem til å styrte henne. Hun hater den hellighet og renhet i hjertene som kommer fra Gud, og som omgir dem som tjener Ham.

Hvem bor Gud hos?

Jesabel forsøker å kle sine angrep inn på en slik måte, at vi ikke skal forstå hva hun forsøker å røve fra oss. Alt hun røver fra oss, vil trekke oss lenger og lenger vekk fra vårt forhold til Gud. Jesabel hater det intime forholdet som må til mellom Guddommen i sin helhet og oss, for at vi skal bli Kristus mer og mer lik.

Tvillingene i Guds rike er **gudsfrykt og ydmykhet.** Jeg tenker her jeg sitter og skriver, at veien er lang å gå. Men vi må gå den.

34

Vi må betale prisen
Vi må betale den nødvendige prisen med
våre liv - hver enkelt av oss
Prisen må vi som enkeltindivider betale for
å komme til den standarden Gud Fader har
planlagt for våre liv. Gud har herligheter
klare for oss alle.

"Gud står den stolte imot, men den
ydmyke gir Han nåde.
Vær derfor Gud undergitt! Men stå djevelen
imot, og han skal fly fra dere.
Hold dere nær til Gud, og Han skal holde
Seg nær til dere!

Slagkraft i åndens verden

Tvett hendene, dere syndere, og rens hjertene, dere dobbelsinnede.
Kjenn deres nød og sørg og gråt! Deres latter vende seg til sorg, og gleden til bedrøvelse! Ydmyk dere for Herren, og Han skal opphøye dere!" (Jakob 4,6-10)

Guds hjerterop kommer her mellom to formaninger

Her ser vi alvoret og viktigheten i ydmykhet. Det Jesabel ønsker, er å få motstanden imot Gud sterk og hovmodig. Ja, stolthet og hat, hardere og hardere. Dette er Antikristens ånds personlighet. Se hva Gud sier i Sin visdom og godhet: "For så sier den høye og opphøyde, Han som troner for evig. Han som har navnet Hellig: I det høye og hellige bor Jeg, og hos den som har en sønderknust og ydmyk ånd, for å gjenopplive de ydmykes ånd." (Jes 57,15)

Vi kan også se hva Jakob sier: «Dersom, vi ydmyker oss for Gud, vil Han løfte oss opp». Hvor står det skrevet? I profeten Jesajas bok vil «Han løfte oss opp til det høye og hellige sted!» Han ser etter et folk Han kan **ta bolig i**, ikke besøke. Jakob inviterer oss til noe **mer** enn et besøk, vi blir invitert til å **bo** i Hans nærvær hele

tiden. Og som Jesaja sier, er det bare
tilgjengelig for den ydmyke.

Jesabels kamp for å få stolthet, hardhet og hat inn i mennesket

Vi forstår klart hvor viktig det er for Jesabel
å få stoltheten, hardheten og hatet inn i
mennesket. Løgnen fører mennesket i
snaren. **Ditt viljeliv må i aksjon.** Er disse
ting i deg, så er du bundet av Jesabels ånd,
enten du er kvinne eller mann. Men du kan
bli fri. Fri kan du bli på den måten jeg
forteller deg her. Du forstår, jeg snakker
kun til de kristne, ikke til de uomvendte
(ikke-gjenfødte).

Stort ansvar

Det å være en kristen, en gjenfødt person/en
ny skapning i Kristus Jesus, fører med seg
et stort ansvar. Når du først har gitt livet til
Jesus og blitt født på ny -
da må vi følge opp. Det nye livet krever en
sterk oppfølging fra din side. Den
oppfølgingen kan kun du personlig utføre
ved hjelp av ditt eget viljeliv.

Vår uvitenhet om ydmykhet

Det er mange i Kristi legeme som ikke
forstår ydmykheten, og den makten som er i

den. Mange ser på ydmykhet som å være svak, pysete, uten ryggrad. Man kan også høre at «det er de svake som trenger hjelp fra kristendommen». En annen ting er at den som er ydmyk ofte blir sett på som arrogant!

David og Goliat
Tenk på David som på farens oppfordring besøker sine eldre brødre som er i krig med filisterne. David kommer og legger merke til alle soldatene og brødrene hans, i en merkelig ny kampposisjon: De gjemmer seg bak klippene i frykt for kjempen Goliat! Han får vite at dette har pågått i førti lange dager. Så spør David i en ikke altfor hyggelig tone:

"Hvem er denne uomskårne filisteren, at han håner fylkingene til den levende Gud?" (1 Sam 17, 26) Dette gjør hans eldre bror Eliab rasende. Han tenker nok: «Lillebroren min er ikke bare en unge, men han er innbilsk også». Så Eliab bjeffer tilbake til David: "Jeg kjenner ditt overmot og ondskapen i ditt hjerte."
(1 Sam 17, 28)

Hvem var det som var stolt her?

Bare et kapittel tidligere hadde profeten Samuel kommet til Isais hus for å salve den neste kongen, og hans førstefødte nådde ikke opp. Både Isai og Samuel antok at Eliab var den utvalgte, for han var antakelig den høyeste, sterkeste og smarteste av Isais sønner. Men Gud sa bestemt: "Jeg har forkastet ham."
(1 Sam 16,7)

Det finns bare en grunn til at Gud forkaster en person, og det er stolthet

Den samme stoltheten som Eliab anklaget David for, bodde i ham selv. Samtidig som "Gud skrøt av Davids ydmykhet og sa at han var en mann etter Hans eget hjerte."
(Apg 13, 22)

David var langt fra å være en svak, pysete eller person uten ryggrad. David ristet av denne fornærmelsen, og møter så kjempen med stor tillit. Han lar Goliat få vite at han snart skal miste hodet. Så løper David mot fiendens leir, dreper Goliat og tar hodet hans med seg.

Vi forstår ikke helt ydmykhet

Slagkraft i åndens verden

Vi leser fra en av Mosebøkene: "Mannen
Moses var meget ydmyk, mer enn noe annet
menneske på jorden." (4 Mos 12, 3)

Dette er litt av en uttalelse! Hvis vi er helt
ærlige, må vi vel innrømme at vi gjerne
skulle opplevd at dette ble sagt om oss, men
vi ville ikke våge å si det! Hvorfor ikke?
Det er bare en arrogant person som ville ha
sagt dette om seg selv. Men hvem skrev 4
Mosebok? Svaret er Moses. Ja, ja, vel, vel.
Vi ville aldri regne en mann for ydmyk,
som sa om seg selv at han var ydmyk. For
ikke å snakke om at han var den mest
ydmyke mannen på jorden! Kan du tenke
deg en forkynner reise seg opp på en kristen
konferanse og si: "Hør alle sammen, jeg er
ydmyk, og nå skal jeg fortelle dere om det."
Han ville bli hånet og ledd av, kalt kjetter.
Men Jesus sier:

"Kom til Meg alle dere som strever og
bærer tunge byrder … og lær av Meg, for
Jeg er mild og ydmyk av hjertet, og dere
skal finne hvile for deres sjeler."
(Matt 11, 28.29)
Dette betyr at vi har gått glipp av den
egentlige betydningen av ydmykhet. Fordi
vi trodde at det betydde å aldri snakke på

egne vegne, og leve like uverdig som marker. Men det er så langt fra sannheten som man kan komme.

Hva er ydmykhet?
Ydmykhet har tre deler. Det første er vår lydighet mot Gud. Det andre er total avhengighet av Ham. Og det tredje, vårt syn på oss selv.

La oss gå igjennom disse.

Først vår lydighet:
Like etter Jakob hadde skrevet om ydmykhet, følger han det opp med å si: "Underordne dere derfor under Gud." (Jak 4,7) **Dette knytter lydighet og ydmykhet sammen.**

For det andre, vår avhengighet av Gud:
Vår ydmykhet kan for det andre defineres som vår totale avhengighet av Gud. David fremsto som arrogant, men han visste at hans dyktighet kom fra Gud. Med hans egne ord: "Herren fridde meg ut fra løvenes og bjørnenes grep, Han skal fri meg fra denne filisterens hånd." (1 Sam 17, 37)

Brødrene hans **stolte på sine egne evner.**
De var eldre og sterkere når de
sammenlignet seg med David. **Davids
styrke lå i hans tro og lydighet.**

La oss se på apostelen Paulus:
"Ikke det at vi er dyktige i oss selv til å
tenke ut noe som om det kom fra oss selv -
men vår dyktighet er fra Gud." (2 Kor 3, 5)

"Nå er jeg glad for å kunne skryte av hvor
svak jeg er; jeg er glad for å være en
levende demonstrasjon på Kristi makt." (2
Kor 12, 9.10) (i stedet for å vise frem sin
egen kraft og dyktighet).

Dette var en utvikling i Paulus liv. Jo lenger
han levde, jo mer avhengig ble han av Guds
nåde. Og desto mindre stolte han på sin
egen styrke, sine gaver og sine evner. Jo
mer han tømte seg selv og underordnet seg
under Kristus, jo modigere og sterkere ble
han i sin bestemmelse om å herliggjøre
Kristus. **Vår ydmykhet kan for det andre
defineres som vår totale avhengighet av
Gud.**
For det tredje: Vårt syn på oss selv
Det tredje punktet omhandler ydmykhet.

Hvordan ser vi på oss selv? Etter Paulus var blitt frelst, ydmyket han seg selv ved å forsake (forlate) alle sine tidligere bedrifter, og all status han hadde opparbeidet seg, før han møtte Jesus.
Han kalte alt sammen rett og slett for skrap. Her har vi nok alle et problem, når det kommer til å kalle alt vi har drevet på med tidligere, for søppel. Men hva med alt vi har oppnådd i Kristus etter at vi ble frelst? Det er alltid en helt annen historie. Det er disse bedriftene han snakker om, når han sier:

"Brødre, jeg tror ikke om meg selv at jeg har grepet det. Men ett gjør jeg: Jeg glemmer det som er bak og strekker meg ut etter det som ligger foran."
(Filip 3,13)

Paulus store tjeneste for Herren - og hans ydmykhet

Flere år etter sin omvendelse, ble Paulus utvalgt til apostel. (Apg 13, 1-4)
Han ble gitt en overflod av åndelig åpenbaring og visdom, som igjen ga ham anledning til å oppnå store ting for Herren. Han plantet menigheter over hele Asia og Øst-Europa. Vi får et glimt av hans ydmykhet i hans brev i år 56, til

modermenigheten han startet i Korint. Dette var ti år før han ble henrettet ved halshugging. Han var en gammel veteran i Jesu tjeneste, men les ordene hans:

"For jeg er den ringeste av apostlene, og jeg er ikke verdt å kalles apostel."
(1 Kor 15, 9)

Forskjellen på falsk og sann ydmykhet
Ser du ydmykheten i disse ordene? Jeg vil påpeke at dette ikke er falsk ydmykhet. Falsk ydmykhet vet hvordan den skal bruke korrekte ord for å fremstå som ydmyk, det finnes ingen beskjedenhet i hjerte eller sinn. Da er det bedrageri og løgn. Men Bibelen er skrevet under inspirasjon av den Hellige Ånd - da kan man ikke lyve! Han ville ikke fått tillatelse av Herren til å skrive en slik uttalelse, hvis han ikke virkelig så på seg selv på denne måten. Så da Paulus skrev at han var den laveste av apostlene, var det ikke politisk korrekt sjargong, men snarere ekte ydmykhet. Dette er et ærlig utsagn han skrev om seg selv. Men se på Paulus sin neste uttalelse:
"Men jeg har arbeidet mer enn dem alle." (1 Kor 15,10)

Hvem er de alle? Svaret er alle de andre apostlene! Vent nå litt. Skryter Paulus? Nå høres det ut som han motsier seg selv. Hvordan kan han si at han er den minste av apostlene og så å følge opp med: "Jeg har gjort mer enn dem alle?"

Til å begynne med høres det arrogant ut, som om han ikke mente det han sa først. Men det er ikke det. Det er bare innledningen til enda en erklæring om Paulus avhengighet av Herren:

"... dog ikke jeg, men Guds nåde som er med meg." (1 Kor 15, 10)

Den som lever i Guds åpenbaring og kraft - vet hvor den kommer fra

Han følger opp sin beskrivelse av seg selv som den minste, med en erkjennelse av at alt det han har gjort bare har vært ved Guds nåde. Han var i stand til å skille seg selv fra alle bragdene, og var fullt klar over at alt han hadde oppnådd, sprang ut fra Guds makt gjennom ham. Tenk på det, Paulus som var ansett som den største apostelen, både i hans egen tid, men også gjennom kirkehistorien!

Tenk på hva Paulus sa til efeserne syv år senere, i år 63 (tre-fire år før han ble henrettet). (Det er litt uenighet om Paulus sin alder. Noen sier han er født 10 år etter Kristus. Gjorde han det, så døde han før han var 60 år gammel). I disse årene, etter brevet til korinterne ble skrevet, utrettet han mer enn i noen annen periode i sitt liv. Her beskriver han seg selv:

"Til meg som er den aller minste av alle de hellige, ble den nåde gitt at jeg skulle forkynne evangeliet om Kristi uransakelige rikdom for hedningene." (Ef 3,8)

Den ringeste av apostlene - den minste av de hellige

Syv år tidligere kalte hans seg "den ringeste av apostlene", og nå beskriver han seg selv som "den aller minste av de hellige!" Hvis det var noen som kunne skryte, så var det Paulus! Og husk at den som skriver Guds Ord ikke kan lyve; man kan ikke skrive politisk korrekt sjargong. Han så virkelig på seg selv på denne måten! Denne utviklingen fortsatte, for like før sin død ser vi at han skrev et brev til Timoteus. (Les 2 Timoteus brev).

Den største av alle syndere
"Kristus Jesus kom inn i verden for å frelse
syndere, og blant dem er jeg den største." (1
Tim 1,15)

Nå er han ikke den minste av apostlene.
Ikke engang den minste av alle de hellige.
Men han ser seg selv som den største av alle
syndere. Legg merke til at han ikke sier:
"Jeg var den største", men "jeg **er** den
største". Og han var den som fikk
åpenbaringen om den nye skapningen i
Kristus Jesus, om at det gamle er borte og at
alt er blitt nytt! (2 Kor 5,17) Han mistet
aldri synet av sin store gjeld til Frelseren.
**Jo lengre Paulus tjente Herren, jo
mindre betraktet han seg selv,**
etter som hans ydmykhet stadig vokste. Kan
dette være grunnen til at Guds nåde vokste
proporsjonalt med at han ble eldre? Jakob
forteller oss at Gud gir den ydmyke nåde.
(Jak 4,6) Kan dette være grunnen til at Gud
åpenbarte Sine veier så fortrolig for Paulus -
at det forbløffet apostelen Peter? Gud sier
gjennom Jesaja: «Han **bor** (ikke besøker)
hos den som er ydmyk. Er det slik du ser på
deg selv i ærlighet? **Når vi bor sammen
med Ham, kommer vi nær Ham.**

To-spannet i Guds rike

Nå har vi kommet til stedet hvor vi møter parhestene i Guds rike: Det er **Gudsfrykt og ydmykhet.** Du husker vi snakket om at frykt for Herren er begynnelsen til et fortrolig fellesskap med Ham. Men nå ser vi at det samme er tilfelle med ydmykheten. Salmisten slår fast:

"Han leder den ydmyke i rettferdighet, og Han lærer den ydmyke den vei han skal gå." (Salme 25, 9) Gud åpenbarer Sine veier for den ydmyke, men bare et par vers lenger ned ser vi: "Hvem er den mann som frykter Herren? Han lærer ham veien han skal gå." (Salme 25,12)

Essensen blir at de som frykter Herren, er virkelig ydmyke

De som virkelig er ydmyke, frykter Herren. Du husker at **Moses kjente Guds veier,** men **Israel bare kjente Ham ut fra hvordan bønnene deres ble besvart,** altså Guds handlinger. Moses både fryktet Herren og var meget ydmyk.
Ser du forbindelsen? Israel manglet gudsfrykten (5 Mos 5, 29), så vel som ydmykheten. Salmisten knytter **frykt for Herren og ydmykhet** nesten til å være

uatskillelige. Dette ser vi gjentatte ganger i Skriften. Som eksempel: "Herrens frykt er rettledning til visdom, og ydmykhet kommer før ære."
(Ord 15,33)

Mørkets rike har også sine parhester

De er det motsatte av ydmykhet og frykt for Herren, og heter **opprør og stolthet.** Vi ser disse i kontrast her:

"Lønnen for ydmykhet og respektfull frykt for Herren, er rikdom, ære og liv. **Torner og snarer er på veien til den opprørske og hardnakkede.** Den som vil verge sin sjel, holder seg langt borte fra dem." (Ord 22, 4.5)

Ser du hvordan ydmykhet og frykt for Herren er knyttet sammen, og står i kontrast til stolthet og opprør? Jesus ydmyket Seg selv mer enn noe annet menneske eller englevesen. Derfor ble Han høyt opphøyet over alle andre (Filip 2, 8-9). Han hadde også Sin lyst i gudsfrykten, fremfor alle andre egenskaper. Derfor var Guds Ånds nærvær med og over Ham. (Jes 11,2.3 Joh 3,34) I kontrast til dette har vi Lucifer, som var den salvede kjeruben, nå kjent som

Satan. Han opphøyet seg selv i stolthet og
ble mer opprørsk enn noen før eller etter
ham. Derfor ble han ført ned til
"avgrunnens dyp".
(Esek 28,4-7 Jes 14,12-15)

Ydmykhet i det høye og stolthet i det lave
Husk at Skriften gjentatte ganger viser at
Guds bolig er i det høye, og at tilholdsstedet
for demoniske krefter er på de laveste
stedene. Du vil se gang på gang i Bibelen
hvordan stolthet og opprør assosieres med
det lave, og ydmykhet og frykt for Herren
med det høye. Å bli opphøyd, er å bo med
Gud i nært fellesskap med Ham!

Klare varsellamper
Jeg tror du nå ser de klare varsellampene,
på hva som er Guds Ånd og hva som er
Jesabels ånd. Det er viktig å ha en klarhet
over disse ting når du skal bevege deg ut i
den åndelige verden. Du kan leve i den
åndelige verden i deg selv, og du kan leve i
den åndelige verden i bønn, utenfor deg
selv. Dette styres naturlig av hva troen i ditt
hjerte sier, eller det den Hellige Ånd taler til
deg om i ditt indre.

Elia, Jehu og krigen mot Jesabel

Det er en krig som har foregått fra urgamle tider, det er krigen mellom **Elias ånd** og Jesabels ånd. I det urgamle slag representerer Elias himmelens interesser: **Kallet til anger og omvendelse,** tilbake til Gud. **Jesabel** derimot på sin side, representerer den myndighet som kun har **til hensikt å hindre og beseire omvendelsens verk.**

Slagkraft i åndens verden

Slagkraft i åndens verden

35

Det er den seirende som får nasjonen
For å forstå denne konflikten mellom Elias
ånd og Jesabels ånd, må vi forstå disse to
motstanderne slik Bibelen fremstiller dem.
De er hverandres **åndelige motsetninger.**
Er Elia frimodig? Da er Jesabel frekk. Er
Elia nådeløs mot ondskapen? Da er Jesabel
ondskapsfull mot rettferdigheten. Taler Elia
om Guds Ord og Guds veier? Da er Jesabel
full av trolldomskunster og svikefulle ord.

Slagkraft i åndens verden

Krigen mellom Elia og Jesabel fortsetter i dag

De som fører an striden på begge sider, er deres profeter. Den seirende får nasjonens sjel. I pakt med tradisjonen etter Samuel, var Elia profetenes leder. Under ham var profetenes sønner - hundrevis av seere og profetiske sangere - som proklamerte Herrens Ord. I denne krigen hadde Jesabel kaldblodig og systematisk myrdet alle Guds tjenere, inntil bare Elia sto igjen (1Kong 18,22)

Da utfordret Elia, som den siste av profetene, Baals 450 og Asjeras 400 profeter, til å vise sin makt. Disse 850 var de falske profetene, de sataniske prestene som "… spiser ved Jesabels bord." (1Kong 18,19) De var de mektigste demoniserte individer som mørkets hærskarer kunne frambringe. Kong Akab, Jesabels ektemann, sendte bud ut til "alle israelittene", og nasjonen kom for å være vitne til konflikten mellom Elias Gud og Jesabels halvguder.

Styrkeprøven

Regelen for styrkeprøven var enkel: Partene skulle plassere hver sin okse på hvert sitt alter.

Slagkraft i åndens verden

Så sa Elias: "Så kan dere kalle på guden deres, og jeg vil kalle på Herren. Den guden som svarer med ild, han er Gud." Seks timer senere kunne kultprestene fremdeles ikke få til noen ild ... Tolv timer gikk og Elia begynte å spotte dem: "Rop høyere! Han er jo gud. Han er vel falt i tanker, eller han er gått avsides eller er ute på reise? Kanskje han sover og må våkne først?" Like før solnedgang ba Elia over sitt offer, og "da for Herrens ild ned og fortærte både offeret og veden! Da folket så det, kastet de seg ned til jorden og sa: "Herren, Han er Gud! Herren, Han er Gud!" (1Kong 18,16-40) Straks etter dette mektige vitnesbyrd om Herrens makt, lot Elia israelittene gripe Baalsprofetene, og de ble drept alle sammen.

Vær på vakt mot demonene «frykt og mismot» - de er på deg til etter målsnoren har røket

Vi kunne ventet oss at Elia nå ville dra til Jisreèl og be Gud om å gjøre det av med Jesabel, men han gjorde ikke det. Sannheten er, og det overrasker deg kanskje, at Elia blir offer for åndelig krigføring. I et raserianfall utløser Jesabel en storm av trolldom og demoniske krefter mot Elia

Slagkraft i åndens verden

som skapte frykt i hans hjerte. **Elia flyktet.**
Du undrer kanskje: Hvordan kunne en slik
mektig profet snu om og flykte? Svaret er
ikke enkelt. Faktisk ble situasjonen verre
enn den hadde vært. Vi får se Elia mens han
sitter under en gyvelbusk og klager over at
han ikke er noe bedre enn sine fedre. Han
ber til og med om å få dø! (1 Kong 19,4)
Hvilket press overmannet denne mektige
Guds mann, slik at han ble et offer for frykt
og mismodighet? Jesabels ånd. Forstå dette,
dere som leser: Selv om du i din krigføring
mot Jesabels myndighet, står imot hennes
begjær og trolldomskunster, må du **være på
vakt mot maktdemonene «frykt og
mismodighet».** Hun vil sende dem mot deg
for å dra din oppmerksomhet bort fra din
krigføring - og din seier!

Kampen mot Jesabels ånd i Morrogorro
Vi kom kjørende inn i Morrogoro sent på
kvelden. Korstoget skulle begynne neste
kveld. Idet vi kom over bygrensen, kunne vi
øyeblikkelig fornemme et åndelig nærvær
på min venstre side. Jeg sa til sjåføren: «La
oss svinge inn første vei til høyre». Vi tok
av, og etter fem minutter stoppet veien og vi
var på en gravplass. Vi lot lysene på bilen
lyse opp gravplassen, for det var sent på

kvelden og det var helt svart ute. Så gikk vi
ut av bilen og inn på gravplassen. Vi kjente
et åndelig nærvær med styrke, og det var
ikke den Hellige Ånd. Men Han var i oss!
Det kom for meg ordet voodoo, «de døde
står opp». Plutselig ble vi omringet av
afrikanere, og de viftet med macheter
(afrikanske jungelkniver). De jagde oss ut
av gravplassen. Vi kom oss inn i bilen og
kjørte videre inn til byen. Vi fant frem til
stedet vi skulle bo og kom oss til sengs.

Fjellet med de syv heksedoktorene
Midt på natten, rundt klokken 3, våknet jeg
opp. Jeg sto opp og gikk ut på altanen.
Broderen som kjørte sammen med meg,
kom også ut. Plutselig fikk jeg et syn (det
andre synet jeg noen gang har fått): Jeg så
et stort fjell, og på fjellet holdt det til syv
heksedoktorer. De syv heksedoktorene
holdt hele byen i et demonisk grep.

Plattformen ble bygd og banneret malt
Dagen etter gikk jeg for å møte de innfødte
som skulle ha ordnet alt til møtene. Da jeg
traff dem, fortalte de at ingenting var gjort,
de torde ikke på grunn av okkultismen! Jeg
diskuterte ikke saken med dem, men sa:
«Nå bygger vi plattform og averterer møter

Slagkraft i åndens verden

så godt vi kan, i Jesu navn!» Vi fikk tak på fire oljefat, en del meter grovt tau og kryssfiner-plater. Med dette ble plattformen lagd i full fart. Plattformsbanneret ble malt med rød skrift på laken. Der sto det: «Jesus Kristus, i går, i dag, til evig tid den samme». (Heb 13,8) Så gikk jungeltelegrafen som ild i tørt gress: «Det blir møter, det blir møter. Guds mann har kommet». Dette ropte de ut over hele distriktet.

Konfrontere eller stikke - tro Herren eller lyde tvilens ånd, Jesabel

Det finnes ingen alternativer for Herrens tjenere: Vi tror Gud, vi konfronterer mørkets makter. Tiden for møtet var inne. Tusener samlet seg på den store, åpne sletten. Alle var spent på hva som skulle skje - alle var redde for ånden som styrte byen! Det var demonene som hadde kontrollen og styrte byen, gjennom heksedoktorene. Ingen våget å gjøre noe som ikke heksedoktorene tillot. Gjorde de det, ble de rammet av forbannelse.

Sitron med pinner i

Djeveltilbedende heksedoktorer har mange forbannelsesvarianter som tar livet av mennesker. Når heksedoktorer vil ha noen eliminert/drept, bruker de noen ganger denne metoden: De stikker 6 pinner inn i en sitron, og legger den utenfor huset til den de vil drepe. Så leses det besvergelser over sitronen. Sitronen løfter seg fra bakken og begynner å sirkle rundt huset hvor offeret bor. Sitronen kan ikke gå inn i huset, men den venter til offeret kommer ut. Da skyter den fart og dytter bort i vedkommende og personen faller død om. Dette har også vært forsøkt mot misjonærer. Sitronen har skutt fart mot misjonærene, truffet dem og - falt til bakken. Misjonærene merket ingen ting, bortsett fra at de så en sitron med pinner i på bakken! Det er seier i Jesu Kristi blod for oss, når **Jesus** er vår **Herre!** Har man vandret i Herrens nærhet og tjeneste noen år, så blir man som Salmene sier det så flott: "Av barns og diebarns munn har Du grunnfestet en makt for Dine motstanderes skyld, for å stoppe munnen på fienden og den hevngjerrige." (Salme 8,3) Vet vi at vi lever i Herrens nærhet, og tror det så sterkt at vi vet, så blir det som sagt også beskrevet i våre liv.

Den nevnte sitronvariant var i bruk i denne byen, men den mest utøvende var at alle måtte ha amuletter, fått av heksedoktorene over inngangsdøren til husene sine. Dette skulle holde demonene vekk. Sannheten var, at **på grunn av amulettene, kunne demonene holde husets beboere fanget.** Amuletter hang over alle dører, i alle hus i byen.

Jesus Kristus er i går, i dag den samme – ja, til evig tid (Heb 13,8)

Møtet startet på ettermiddagen, da det fremdeles var lyst ute. Tusener var samlet. Jeg proklamerte det enkle forsoningsbudskapet til frelse, helse og utfrielse fra demoner. Folket fulgte nøye med. Jeg gjentok når jeg merket det glapp, og holdt på til jeg opplevde at alle forsto budskapet. Men det var en bundethet og anspenthet å merke. Bak plattformen et stykke unna, hadde noen heksedoktorer samlet seg. De våget ikke komme frem til meg. Jeg sendte Terje bort til dem, for å høre hva de ville.

Alle visste heksedoktorene bodde på fjellet

Mens Terje var der borte hos dem, fortalte jeg folket om synet jeg hadde hatt på natten. Da folket hørte det, ble det virkelig stille.

«Er det sant», spurte jeg «at syv heksedoktorer bor på fjellet?» Nølende svarte folket: «Ja, det er riktig». Da sa jeg: «Gud viste meg det i natt». Det ble enda stillere, om det var mulig.

Heksedoktorene sa: «Alle vil drukne i vannflommen, hvis Guds mann ikke stopper å tale øyeblikkelig!» Akkurat da kom Terje tilbake med beskjed til meg fra heksedoktorene. Den lød som følger: «Hvis ikke Guds mann slutter å tale øyeblikkelig, vil en stor vannflom komme over hele området og alle vil drukne!» Heksedoktoren så meg som en Guds mann. Han avslørte seg der! Demonens ånd i heksedoktoren forsto nemlig hvem jeg var. Jeg gikk ut på plattformkanten og sa til folket: «Her kommer heksedoktorene ned fra fjellet. De våger ikke en gang å komme bort til meg, men true meg gjør de! De sier det kommer en vannflom, og at alle vil drukne». «Det er riktig», fortsatte jeg, «det kommer en flom her i dag, men det er en flom av den Hellige Ånds ild og kraft, til helbredelse, utfrielse og frelse for fortapte sjeler!» Jeg proklamerte det ut gang etter gang med styrke og autoritet. Så befalte jeg sykdommer om å komme ut av mennesker, og likeså demonene.

Slagkraft i åndens verden

Undrene begynte å skje

Undrene begynte å skje, mennesker ble helbredet rundt om kring på hele området. Man hørte demonene skrike, og de kom ut. Etter dette ledet jeg folket i frelsens bønn. Da det var gjort, var det merkelig nok helt stille. «Hvem har makten?» sa jeg, og ga dem to forslag: Satan eller Jesus. Folket begynte rolig å si «Jesus». Etter hvert ropte de «Jesus»! Jeg hadde møter i fire dager. Det ble en eneste stor seiersfest for Jesus!

Seiersmarsj og husrensing

Hver dag etter møtet, tok en del av oss en seiersmarsj med husrensing. Vi gikk rundt i byen og besøkte mennesker i sine enkle boliger. Alle ville at amulettene de hadde fått av heksedoktorene, og som hang over inngangsdørene, skulle fjernes. Dette gjorde vi over alt, og avsluttet med å be om Guds velsignelse over deres bolig. Nå var det seier hele veien!

Hvor kom voodoo i Morrogoro fra ?

Det forundret meg å møte vodoo her. Jeg hadde ikke tenkt så nøye gjennom den saken før nå, da jeg møtte den i Øst-Afrika. Plutselig gikk lyset opp for meg, og jeg skjønte hvorfor det var der.

Slagkraft i åndens verden

Slave-karavanene

Okkultismen, som voodoo er en del av, har sin opprinnelse i Benin, Vest-Afrika. Det er så langt jeg har kunnet spore det i historien. Slavehandlerne i Afrika, kjøpte mye slaver i Benin. De gikk da i karavane, til fots gjennom Afrika. De skulle hele veien til Zanzibar for å skipes ut til mottakerlandene. Femten millioner slaver gikk også i karavane opp til araberverdenen, opp til Gulf-statene. Mange ble også skipet ut direkte fra Vest-Afrika til USA.

Karavane-vandringen og slavebyene

Disse gikk gjennom Afrika, fra Vest til Øst, gjennom Sentral-Afrika. Turen tok to år. Her utviklet det seg slavebyer, kulturer og egne områder som produserte mat til slavene. Dette var en stor industri i mange år. Det var ett lite knippe med "store slavehandlere", som tjente store penger på denne "slavenes smertefulle karavane" som krysset Afrika. På stedene hvor slavebyene ble bygget, utviklet det seg voodoo, fordi slavene hadde med seg sine demoner fra Vest-Afrika. Dette er også årsaken til at de kom til øyene i Karibia.

Den okkulte voodoo som var i Morrogoro, hadde utviklet sitt personlige særpreg på grunn av blandingen med lokale avguder. Slik var det overalt denne okkulte voodoo kom, men demonene og Satan er de samme. Det var Morrogoros variant jeg møtte her. Men seieren var vår i Jesu navn.

36

Hva er Antikrists ånd, Jesabels ånd og Elias ånd?

Antikrists ånd

Det er mange navn på Antikrist. Det ligger i ordet du allerede har lest hva Antikrist er. Han er **anti** Kristus, han er imot Kristus. Han er også kalt: Motstander, bedrager, løgner, forfører, dyret, den falske profet, djevelen, Satan, antikrister, **den som fornekter Faderen og Sønnen,** Antikristens ånd, åndemakt, som ikke bekjenner Jesus som Herre, **etterligner,**

Slagkraft i åndens verden

falsk Kristus, Kristi motsetting. Det brukes
flere navn på denne merkelige personen.
Han kalles syndens menneske, fortapelsens
sønn, **den lovløse,** lovbryter. Det står mye
om Antikrist i GT og NT. Vi finner
Antikristens ånd innvevd i verdenshistorien,
på alle de områder han kan få flettet seg
inn. I dag kanskje sterkere enn noensinne.
Antikrist er Satan og demonene. Det vil
også ifølge Bibelen komme en fysisk
Antikrist. Det synes jeg ikke er nødvendig å
henge seg opp i. Vi holder oss nær til
Kristus. Da vil vi alltid gå seirende ut.

Elias ånd

Elias var en profet med en særegen styrke
og kraft over sitt liv. Vi ser ham skjule seg
ved bekken Krit, hvor han to ganger om
dagen får brød og kjøtt brakt til seg av
ravner.

Enken i Sareptea

Herren befaler ham å gå til enken i
Sareptea. Enken forsørger ham. Hennes
melkrukke blir aldri tom, og oljekruset
mangler ikke olje. Hennes døde sønn blir
kalt tilbake til livet av profeten. (1 Kong
17,2) I mer enn tre år holder profeten seg

skjult på denne måten for sine forfølgere, som gir ham skylden for tørken i landet.

Herrens eneste gjenlevende profet - møtte de 450 Baàls profeter og de 400 Astarte profeter

Begge parter skulle bringe frem sitt offer. Her ser vi Elias rope til Herren og Herren svarer med ild og bringer seier. Kong Akab drar nå tilbake til Jisreèl, men Elias løper - "drevet av Herrens Ånd, foran kongens vogn like til Jisreèl." (1 Kong18,45.46)

Elias under gyvelbusken

Da Jesabel hører om det som har hendt, søker hun å drepe Elias. Profeten må derfor flykte igjen. Til slutt blir han så trøtt og mismodig, så han setter seg under en gyvelbusk og ønsker seg døden. Han faller i søvn, men vekkes av en engel. Ved sitt hode finner han mat og drikke. "Styrket reiser han førti dager og førti netter til Horeb, hvor han overnatter i en hule." (1 Kong 19,1-9)

Nye oppdrag

Her åpenbarer Herren seg for profeten på ny, og nye oppdrag gis ham. Elias pålegges å salve Hasael til konge over Syria, Jehu til konge over Israel - og Elisa til sin egen etterfølger.

Profeten Elias kaster sin kappe over Elisa

Profeten drar og finner Elisa som er ute og pløyer. Han kaster sin kappe over Elisa, som mottar salvelsen. Han slakter oksene sine, gjør seg ferdig og drar med Elias. (1Kong 19, 9-21)

Elias ånd er den Hellige Ånd

Det er flere fantastiske hendelser å nevne om profeten. Da han nærmet seg slutten av sitt jordiske liv, reiser han sammen med Elisa til Gilegal og Betel. Derifra til Jeriko og videre til Jordan elven. Han slår med sin kappe på vannet, det deler seg og de går begge over på det tørre! Elisa ber nå Elias om en dobbel del av hans ånd.

Gudsmennene skilles

Deretter skilles de to gudsmenn, idet Elias i en gloende ildvogn ført av gloende hester "for i stormen opp til himmelen". Ser du gudsmannen? Dette er et flott eksempel å bruke på Guds kraft og allmakt. Elias er et flott bilde på de muligheter det er for oss i dag, med den Hellige Ånds ild og kraft i oss, som vi utøver i tro etter Herrens eget Ord. Elias utførte dette i tro, etter Herrens talte Ord til ham.

Jesabels ånd

Datteren av Etbaàl, konge i Tyrus og Sidon, dronningen i Tis stammeriket (Israel). Hun omtales første gang da hun ble gift med Akab. (1Kong 16,31) Jesabel innførte den første fønikiske gudsdyrkelse, ved Akabs hoff. 450 av Baàls profeter og 400 av Astartes profeter spiste ved hennes bord. (1 Kong 18,19) På hennes bud, ble Jahves/Jehovas profeter drept. (1 Kong 18,13)

Under Jesabel vokste avgudsdyrkelsen

Under Jesabels ledelse grep avgudsdyrkelsen så om seg, at det til slutt bare var syv tusen av folket som ikke hadde bøyd kne for Baàl, eller kysset hånden hans. Baàlsdyrkelsen tok også en tid overhånd i Juda (2 Krøn 22,3). Jesabel overlevde Akab med fjorten år.

Jesabel ble drept

Jesabel ble drept ved å bli kastet ut gjennom et vindu i slottet av Judas konge, Akasja. Muren og hestene ble oversprøytet med

Slagkraft i åndens verden

hennes blod, og hundene fortærte hennes lik. Ingenting annet enn hodeskallen, føttene og hendene var tilbake. (2 Kong 9, 30-35)

Jesabel ble senere betegnelsen på onde, umoralske kvinner

Navnet Jesabel ble senere en betegnelse på onde, ryggesløse kvinner. (Åp 2,20) Hennes vranglære førte til hor og avgudsoffer. Hennes virkelige navn, er sannsynligvis erstattet med det symbolske navnet Jesabel. Noen mener at mange kristne i Tyatira lot seg forlede til å søke til hennes orakel. Andre mener navnet Jesabel står for en falsk læresetning i Lilleasia, innenfor eller utenfor den kristne menigheten. Imidlertid ville tilføyelsen "kvinnen" bli ganske overflødig. Hele beskrivelsen (sykeleiet osv) tyder bestemt på at det var en levende person. (Åp 2,20)

Jesabels ånd er demoner

Vi ser tydelig Jesabels infiltrasjon politisk mens hun levde - og infiltrasjon i det okkulte etter hennes død. Også innen menighetene. Jesabels ånd har fulgt med menneskeheten siden hun var fysisk til stede i verden. Sannheten er at Jesabels ånd, kort og greit forklart, er demoner. Det er de samme demonene som er i gang i dag, som var i aktivitet den gangen. De har verken blitt flere eller færre. Vi behøver ikke bruke ordet Jesabel, men i stedet si det som det faktisk er, og kalle det for demoner.

37

Dramaet fortsetter

Prinsipp i den åndelige verden

Det er et grunnfestet prinsipp i den åndelige verden: Du kan gi andre av din åndskraft uten selv å miste den. Vi kan se det da Mose ånd kom over de sytti eldste. (4 Mos 11,24.25) Vi ser det samme prinsipp i virksomhet når "straffen for fedrenes synder kommer over barna." Og selvsagt ser vi det, da Kristi Ånd bor i oss. Når vi har dette prinsippet i tankene, kan vi forstå hvordan Elias ånd ble sendt for å virke gjennom døperen Johannes. Det er det ene, men den

Slagkraft i åndens verden

Hellige Ånd er jo allesteds nærværende. Men kommer den alltid til oss med maksimal styrke? Der må vi vel være ærlige og si nei.

Kraft-overføring

Men derimot i eksemplene jeg gir her, ser vi samme styrke av den Hellige Ånds kraft som var i profeten, blir overført. Vi ser en forskjell her, uten at man skal lage en lære ut av det, hvilket vi ikke må. En gang tidligere ble Elias ånd gitt til et annet menneske. Du husker kanskje Elisa, profeten som etterfulgte Elias, som fikk en dobbel del av Elias ånd. (2 Kong 2,9.10) På nytt var **Elias ånd** i virksomhet, det **er jo den Hellige Ånd.** Den aktiviserte og inspirerte døperen Johannes, og skapte i ham den samme intensitet som hadde bodd i Elias selv.

Før Johannes ble født, sa engelen om ham: "Han skal være forløper for Herren og ha samme ånd og kraft som Elias." (Luk 1,15-17) Jesus sa om døperen: "… han er den Elias som skulle komme." (Matt11,14 17,11-13) Johannes lignet til og med Elias. Han var kommet tilbake: Elias ånd fikk et nytt oppdrag, og ble sendt inn i verden.

Slagkraft i åndens verden

Dette er den samme ånd, den Hellige Ånd som Elias var bærer av.

Jesabels ånd til syne igjen
Som Elias, **forkynte** også Johannes **behovet for omvendelse** overalt hvor han **så synd.** Et slikt område var det umoralske ekteskapet mellom kong Herodes og hans svigerinne Herodias. Da Johannes konfronterte dem med forholdet, fikk Herodias ham fengslet. (Mark 6,19) Men hvem manipulerte og kontrollerte gjennom den mørke, åndelige siden av Herodias? På samme måte som Elias ånd var virksom i Johannes, hadde Jesabel igjen kommet til syne i verden gjennom Herodias.
Det Jesabel hadde gjort imot Elias i ørkenen, gjorde Herodias igjen mot Johannes. Jesabel kastet frykt og mismot mot profeten, noe som fører til at man blir forvirret og tviler på seg selv. Døperen Johannes, som med egne øyne hadde sett Ånden komme ned over Kristus som en due, og som med egne ører hadde hørt Guds stemme vitne at Jesus var Guds Sønn, spurte nå om Jesus virkelig var Messias, eller om de skulle vente en annen. (Matt 11,3)

Slagkraft i åndens verden

"Så bød det seg en anledning: På sin fødselsdag holdt Herodes fest." (Mark 6,21)Det er et dekkende uttrykk at det **"bød seg en anledning"**. For i denne krigen mellom Elias ånd og Jesabels ånd, fikk Herodias sin datter til å danse for Herodes. Den unge piken lokket kongen til å love å oppfylle et hvilket som helst ønske fra henne. På sin mors oppfordring (rettere sagt på Jesabels, på Satans oppfordring), forlangte hun døperen Johannes hode på et fat. Og for en stund døde kampen ut mellom disse to evige ånder: Satans ånd og den Hellige Ånd.

Prinsippet om overføring av åndskraft

For to tusen års siden slo Jesus fast at Elias gjerning ennå ikke var slutt. Han lovet: "Elias skal nok komme og sette alt i rette stand…" (Matt 17,11) Profeten Malakias skrev også: "Se, jeg sender profeten Elias til dere før Herrens dag kommer, den store og skremmende…" (Mal 4, 5-6) Elias kommer for å kjempe og gjenreise! Han kommer før den store dagen, og han vender tilbake før Herrens dag, den store og skremmende!

Ut - til de ytterste grenser og de unådde stammer med evangeliet. Når jobben er gjort, kommer Jesu igjen

Slagkraft i åndens verden

Husk imidlertid det åndelige prinsippet som tidligere nevnt, nemlig at en person kan gi et annet menneske en del av sin åndskraft uten å miste den selv. Slik Gud gjorde med Elias, Elisa og døperen Johannes. På samme måte reiser Herren i dag opp et «Elias-kompani» av profeter - fylt av den Hellige Ånd, og sender dem ut for å forberede veien for Kristi gjenkomst.
Verdensevangeliseringen med Åndens ild og kraft.

La det også være klart, at hvis Elias kommer tilbake før Jesus, så gjør Jesabel det også.
Ser du hennes åndskraft, i den overflod av trolldom og horeliv som finnes i vår tid? Hører du ikke hennes frekke stemme setter seg opp imot Guds autoritet og forherliger sitt opprør gjennom feminismen? Har du ikke sett henne lokke selv "Guds tjenere" til å drive hor? (Åp2,20)

Når Jesabels åndskraft så høyrøstet gir seg til kjenne, bekrefter det bare at Elias åndskraft også er her, for å **føre folk til omvendelse**, og for å reise opp krigende profeter i vår tid! Hvis du skal tjene Gud under Jesabels ånds regjeringstid, vil krigføringen i seg selv faktisk presse deg inn i en profetisk styrke, og inn i den Hellige Ånds kraft på en slik måte at du overlever!

Slagkraft i åndens verden

38

I GT ser vi hvordan Gud ødela Jesabel
På Herrens Ord, gjennom Elisja (Elias
etterfølger), ble Jehu, den nykronede
kongen i Israel, sendt for å oppfylle Guds
løfte. Da Jehu og hans menn i rasende fart
kjørte sine vogner mot Jisreèl, kom Israel
og Judas konge ut for å møte ham.
"Kommer du i fredelig ærend, Jehu?" spurte
de. Han svarte: "Hvordan kan du tale om
fred så lenge din mor Jesabel driver med sin
utukt og alle sine trolldomskunster?" (2
Kong 9,21-26) Og Jehu drepte de to
kongene.

Slagkraft i åndens verden

Jesabel blir drept

Like etterpå red han inn i Jisreèl for å gå i rette med Jesabel. Skriften forteller oss: «Mens hun ventet på ham, sminket hun øynene, pyntet seg på hodet og kikket ut av vinduet. Da hun så ham, ropte hun: Kommer du i fredelig ærend, du Simri, som har drept din herre? Jehu så opp mot vinduet og sa: Er det noen her som holder med meg? Da to-tre hoffmenn så ut av vinduet, ropte han: Kast henne ned! Og de kastet henne ned, så blodet sprutet opp etter veggen og på hestene, som tråkket henne ned». (2 Kong 9,30-33)

Det fantes noe i Jehus ånd som vi i dag må eie i vår krig mot Jesabels ånd Vi må ha medfølelse med dem som Jesabels ånd har fanget. Men Jehu hadde ingen nåde, ikke noe håp om forbedring, ikke noe kompromissforslag, ingen sympati i det hele tatt for denne demoniske ånd! Jehu tråkket henne ned. Mens hun lå blødende på bakken og var døden nær, gjorde han det av med henne under føttene på hesten sin! Slik også med oss. Vi må ikke ha noen som helst toleranse for denne ånd! Det kan ikke bli noen fred, ingen tid for hvile under vårt "fikentre", før Jesabels ånd er slaktet!

Slagkraft i åndens verden

Vi må la Gud gå først i alt i våre liv
Vi må slutte å leve for vår egen
bekvemmelighet så lenge hennes horeliv og
trolldomskunster florerer så fritt! Vi må
nekte å slå oss til ro med **falsk fred,** bygget
på **kompromiss og frykt,** særlig når Guds
Ånd roper: "Krig!" Det er betegnende at det
var hoffmennene som kastet henne ned!
Noen av dere som leser dette, har vært
hoffmenn, evnukker, slaver av denne onde
ånd.
**I dag, akkurat nå, gir Gud dere det
privilegium å få være med å felle den
evige dom over Jesabels ånd.** Dere skal
kaste henne ned. Still dere på Guds side, og
la Guds dom iverksettes. Satan er beseiret,
seieren er vår i Jesu navn!
Tiden er inne for profetene til å forenes mot
denne åndsmakt! Under den samme ild og
kraft i den Hellige Ånd som Elias hadde. La
oss reise oss i den samme indignasjon som
Jehu, og kaste Jesabel ned! Nettopp nå
vasker vi oss i det dyrebare Jesu blod, og
fordi vi er renset fra enhver besmittelse av
synd, binder vi Jesabels ånd og plyndrer
hennes festningsverk! Velg den autoritet
som Kristus har, vi erklærer hellig krig mot
Jesabels ånd!

Slagkraft i åndens verden

Jesabels ånd er "gammel åndelighet"
Ny-åndelighet er hva avisen «Dagen»
kaller det, men det er som det alltid vært, en
gammel åndelighet. Jeg tar med et stykke
fra avisen «Dagen», som viser Jesabels ånd.
Eller mer korrekt: Viser hva demoner også
gjør i dag:

**Kvinnen har eksperimentert med ny-
åndelighet, men advarer andre fra å
gjøre det samme. Det kostet meg nesten
livet, sier Kerstin Wirf.**

Oppvokst i kristent miljø. Wirf vokste opp
i et kristent miljø, men har lite positivt å si
om det. Det var en fin fasade uten indre liv,
hevder hun. Hun tok raskt avstand, og ble
det hun omtaler som en opprører. Jeg
utviklet et indre maktbegjær og en vilje til å
kontrollere andre mennesker. Det gjorde det
lett for meg å «skli» inn i New Age, sier
hun. Hvorfor det? Jo, fordi New Age i stor
grad bygger på hierarki og underkuing av
andre, påstår hun.

Inn i spiritismen. «Ånden i glasset» var
Kerstins første steg inn i den ny-åndelige
verden. Hun var 16 år, og var med på leken
sammen med noen venner.

Slagkraft i åndens verden

Det fungerte kjempebra, sier Kerstin, som snart begynte å se åndelige «veiledere» dukke opp ved sin side. Hun begynte å lese om sjamanisme, tok i bruk trommer, og utviklet seg til å bli en spiritist.

Mine kanaler var så åpne, så det var ingen problem for en ånd å flytte inn i meg og tale gjennom meg, sier Kerstin, som aldri fullt ut ble et medium. Rundt tusenårsskiftet ble Kerstin med i en gruppe hekser i Närke, der hun bodde. Kvinnene dyrket ulike gudinner, blant andre Isis og Moder jord.

- Vi dro til geografiske plasser som vi skulle helbrede. For eksempel steder der heksebrenning hadde funnet sted, forteller Kerstin. Kulten som ble dyrket i gruppen betegner hun som «Jesabels ånd», et uttrykk som stammer fra dronning Jesabel i det tidligere Israel. Denne åndsmakten inkluderer all slags avgudsdyrking du kan tenke deg, til og med dyrking av Baal og Astarte.

Kerstin understreker at hver «landevinning» innen New Age har sin pris. Ikke minst sosialt og fysisk. Selv ble hun syk og etter hvert skilt. Familien havnet i en svært vanskelig situasjon.

Slagkraft i åndens verden

Lignende problemer ser jeg hos mange som sysler med healing, sjamanisme eller heksekunster. Mer man tar inn av mørkets åndsmakter, mer splittet blir man i sin personlighet.

Her gjenkjenner dere det jeg skriver om når det gjelder konfliktområdene mellom Jesabel, Elias, Akab og Antikrist. Uttrykkene er forskjellige, men det er en ånd bak. Åndene er de samme som alltid har vært: Det er demoner.

39

Skal vi utfri, må vi selv være utfridd

Det er på grunnlaget av mine egne erfaringer i Herrens tjeneste i over førti år, jeg skriver. Dette er ikke spekulasjoner. Jeg deler med dere essensen av mine erfaringer som inneholder både godt og ondt, seier og nederlag, på slagmarken for himlenes rike verden over. Innenfor alle forskjellige religioner og kulturer, fattige og rike, fred og krig.

"Han skal redde endog dem som ikke er uskyldige, **ved dine henders renhet** skal han bli reddet." (Job 22,30)

Slagkraft i åndens verden

Det er forskjell på å gjøre bot for synd, og virkelig gå på og rive ned de festningsverker i oss, som forårsaker synden. Fikk du det med deg?
1 Tro på Kristi kors.
2 Bli korsfestet selv.

Året etter jeg ble frelst

Da arbeidet jeg på Ullevål sykehus, og var sammen med en pasient på røntgen. Jeg husker jeg sa til Herren innimellom røntgenutstyret: «Herre, gjør hva du vil med meg, bare sørg for at jeg kommer igjennom». Jeg angret nesten på det løftet jeg ga Herren, for da startet ganske så øyeblikkelig utfordringene i mitt liv på alvor. Nå måtte jeg vise om jeg kunne stå for den uttalelsen. Jeg var 21 år på den tiden (i 1975). Avkledningen av mine egne negative sider startet opp - og er fremdeles i gang. Jeg er ingen fullkommen mann. Det jeg her vil frem til er at det er nødvendig for Gud å la oss gjennomgå alle nødvendige prosesser, slik at vi er i stand til å bære Hans kraft. På den andre siden må vi lære å forstå, opparbeide visdom og klokskap, til å gjøre ting på rett måte. Dette kan du ikke lære på et kurs eller lese deg til. Her er det deg og Herren som arbeider i sammen!

Slagkraft i åndens verden

Når jeg ser tilbake, ser jeg at Herren tok vekk litt etter litt av det som ikke var Ham til behag for Hans rikes sak, i mitt liv. Jeg måtte forberedes for tjeneste.

Min personlige strategi for åndelig krigføring i det fysiske og i den åndelige verden, "klippe-strategien"

Det er overhodet ikke bygd på teorier, alt sammen er bygd på mine personlige erfaringer. Her er strategien: "Jesus sa til disiplene, og jeg er også en Jesu disippel, så Han sier det samme til meg: Gå ut i all verden og forkynn evangeliet for all skapningen! Og disse tegn skal følge dem som tror (jeg tror): I Mitt navn, i Jesu navn, skal de drive ut onde ånder, de skal tale med tunger, de skal ta slanger i hendene (har ikke gjort det, men har slått i hjel noen), og om de drikker noe giftig, skal det ikke skade dem; (det vet jeg ikke om jeg har drukket, for jeg lever) - på syke skal de legge sine hender, og de skal bli helbredet (det er en stor del av mitt liv)." (Mark 16, 15-18)

"Klippe-strategien"

Dette er "klippe-strategien" som gjelder hver eneste en som er født på ny: I ditt kall (alle gjenfødte har et kall) skal du utføre i lydighet din del, slik at oppgaven kan bli gjennomført og Jesus kan komme tilbake. Ingen har noen unnskyldning for ikke å gjøre sin del. Det dreier seg om **lydighet**.

Strategi mot Jesabels ånd

Dere forstår, den Sataniske ånden som virker **gjennom tanker med ord**, er Satan. Og den nedbrytende og tilstedeværende åndskraften som **angriper legeme og hele psyken,** er demoner. Den kaller vi da for Jesabels ånd, da den er omtalt på en meget klargjørende måte i GT. Det koster å vinne hvert slag i krigen mot Jesabels ånd. Selv om det er i Guds nærhet og bønn at initiativet til enhver seier blir tatt, vil ikke **den synlige seieren** bli vår, før vi tror og **handler på Guds Ord**, Bibelen.

Tro er ikke noe annet enn lydighet mot Guds Ord

Seieren begynner med Jesu navn på våre lepper. Men den **fullendes ikke før Jesu natur er i våre hjerter.** Når den er i våre hjerter, tror vi Ordet og gjør det Ordet sier -

Slagkraft i åndens verden

og seieren blir en fysisk virkelighet, så vel som en åndelig virkelighet. Derfor må vi i vår krig mot Jesabel, gi den Hellige Ånd lov til å avsløre **hvor** vi eventuelt tolererer og nærer sympati for denne ånd.

Kristus mer og mer lik

Vi kan ikke lykkes i krigen i himmelrommet, hvis vi ikke **seirer på slagmarken i vårt eget sinn.** Det finnes bare ett område med endelig seier over fienden: I Guds nærhet, **og å bli Kristus mer og mer lik.**

"Jesus er den som gransker nyrer og hjerter." (Åp 2,23)

I hvert eneste slag, begynner seieren her, i vår sjel. Altså kan vi ikke tolerere Jesabels tankegang på noe område. Vårt begrep om kristenliv må strekke seg utover det som foregår i en bestemt bygning, til også å omfatte en måte å leve på som vi praktiserer over alt.

"Han, Kristus skal vokse, vi skal avta"

Det er når Han vinner mer og mer skikkelse i oss, at vår adferd forandres til å bli mer lik Hans adferd.

Slagkraft i åndens verden

Vårt reaksjonsmønster, skal være som
Kristi reaksjonsmønster, vår væremåte, som
Hans væremåte. Når det begynner å synes
slik i våre liv, er vi godt i gang på veien.
Det er **i dagliglivets rutiner, vi må leve det
seirende livet** over alle Jesabels
tankebygninger, Satans tankebygninger.

40

En «Akab», en svakhets ånd trengs for å
tolerere Jesabel
Den svake mann overfor sin kone hjemme,
er fryktsom, eller utøver makt over kvinner
ute: Det er en ånd som samarbeider med
Jesabel. Virkningen av den demonen, er at
mannens sjel blir svekket og fylt med frykt.
Denne demonen kan kalles «Akab».
Demonens natur er «den som gir sin kraft
og autoritet til Jesabel, til kvinnen». Akab,
ånden, inntar toleranse-områder i en manns
sinn. Mannen føler seg helt overkjørt i sin
kamp mot Jesabel. Skal man vinne over
denne Jesabels ånd, må man overvinne

Slagkraft i åndens verden

Akabs natur. En mann som er gift med en dominerende kone, vil vise en av to reaksjoner: Han vil enten være fryktsom i andre relasjoner i livet, eller han vil ha en viss motvilje mot kvinner generelt.
Han vil kontrollere og styre alt utenfor sitt eget hjem, men han har ingen virkelig autoritet. Det går på maktutøvelse.

Da Akab var konge, hersket Jesabel. Det er jo helt fryktelig at slikt er mulig. Den mann som ikke kan lede sin familie med gudfryktig, beskyttende autoritet, vil **ikke kunne utøve åndelig autoritet.** For det har han ikke! En slik mann trenger å **omvende seg fra sin frykt**, og bestemt, men kjærlig, sette sitt hjem i rette skikk. Dette er fullt mulig, hvis man vil.

Hva er autoritet?
Autoritet er rett og slett delegert ansvar. Poenget er ikke å være sjefen, men å være den **ansvarlige.** Det grunnlag **guddommelig autoritet** bygges på, er **guddommelig kjærlighet.** Å være hode i familien, er ganske enkelt at mannen kjærlig tar ansvar for familiens tilstand. Ingen mann får fred i hjemmet sitt hvis han tror autoritet bare er å dominere over sin

kone. Gud ønsker at par skal ta avgjørelser sammen. At begge gjør seg nytte av den andres visdom, og at de gleder seg sammen som venner i et åpent, kjærlig fellesskap.

Guds alternativ:
Mannen overvinner Jesabel ved å elske sin kvinne dypt
Guds alternativ til Jesabel er ikke å bytte ut en type undertrykkelse (Jesabels) med en annen (mannens undertrykkelse). Målet er å få inn den sanne trygghet (så Jesabels «trygghet» forsvinner ut) - den tryggheten en kvinne får, når hun er dypt elsket av sin mann. Slik vinner altså mannen krigen mot Jesabel, ved å bli lik Kristus.

Kvinnen overvinner Jesabels hovmodighet ved å søke Kristi ydmykhet
Hun jager etter det "milde rolige sinn" (1 Pet 2,23 - 3,2), som er naturlig for den som ligner Kristus. Kvinnen må se Guds visdom i den guddommelige ordning for familien, og ære sin mann som sitt hode. Kvinnen overvinner den sensuelle side av Jesabels ånd, ved å slutte å spille på sin kvinnelige sjarm, som er "forgjengelig" (Ord 31,30), og sine "lokkende ord" (Ord 7,21). Hun nekter seg selv det sensuelle blikket i

øynene og den forførende mykheten i stemmen. Er kvinnen gift, gir hun sin skjønnhet til sin mann.

Det vi blir i Kristus, er nøyaktig det motsatte av Jesabels ånd

Er hun opprørsk? Vi må lære å underordne oss. Er hun stolt og hovmodig? Vi må bli saktmodige og ydmyke av hjertet. Er hun en kontroll-demon? Vi må være myke og villige til å gi oss. Benytter Jesabel seg av trolldomskunster og umoral, frykt og mismodighet? Vi må leve med en bevisst forståelse av at vi er korsfestet med Kristus. Det igjen betyr at vi legger ned våre kjødelige begjær, og i stedet søker Kristus, og finner ut hva Han vil med våre liv. Det er Åndens frukter som skal tre frem og prege vår personlighet og adferd. (Gal 5,22) Dette skjer ikke av seg selv, det er en lang og hard vei å gå. Men det er vi som vinner på å gå den.

41

Felles krigføring mot Satans makter

"Da de hørte det, forente de seg alle i bønn til Gud." (Apg 4,24)

Like viktig som å vinne krigen mot Jesabel i hjemmet, er det viktig å finne et fellesskap som har kommet **til modenhet i Kristus**. Et fellesskap som er seirende i sin krigføring. Seirer du hjemme, vil du seire ute. Er du taper hjemme, blir du taper ute. Lever du i seier over Satan og demonene, vil du naturlig leve et liv i tilbedelse.

Slagkraft i åndens verden

Tilbedelse
En seirende kristen, er en naturlig
tilbedende kristen. Han forsøker ikke å
konstruere opp noen tilbedelse. **Hans liv er
en tilbedelse** av takknemmelighet til Jesus
Kristus for Hans verk på Golgata. Det er en
takknemmelighet og tilbedelse til Gud
Fader for at Han er den Skaperen Han er, i
kjærlighet til alle ting Han har skapt. Det er
en takknemmelighet til den Hellige Ånd for
den uunnværlige hjelperen Han er for oss
som har arvet frelsen.
Babylons ånd er kompromissets ånd
Er det områder i våre hjerter, der vi går på
kompromiss med Satan og demonene, vil
dette til slutt ødelegge oss. Hvis vi ønsker å
vandre kompromissløst i Guds rike, må vi
forstå denne kompromissets ånd. Babylons
ånd (demon), kjennetegnes av
selvopphøyelse. Selvopphøyelse er **kilden
til kompromiss.**
Babylon var en noe mer enn en rik,
skinnende by; den var først og fremst
religiøs. Forstår vi dette, gir det oss en god
innsikt i fiendens natur.

Babylonernes felles målsetting var å bygge
en by "med et tårn som når opp til
himmelen." (1 Mos 11, 4)

De ble mer stolt av sin religion enn av sine høyt utviklede ferdigheter innen kunst og krigføring. Ser du hvordan demonene kommer inn, binder og forfører?
Da tungemålet ble forvirret av Herren og spredte dem utover jorden, ble Babylons ånd spredt over hele jorden.

Babylons ånd ble spredt ut over hele jorden
Ønsket om å "nå opp til himmelen" gjennom menneskelaget religion, bredte seg raskt til alle nasjoner. Ser du det, det er ikke vanskelig å gjenkjenne. I denne ånd ser vi også ambisjonen om "å skape oss et navn." Denne tanken har så sterkt kommet frem, at den har tatt tak med styrke i menneskenaturen. Alle vil bli den beste, alle vil overgå den andre. **Egoismen er i høysetet.**

"Jeg så at alt strev og all dyktighet kommer av at den ene misunner den andre." (Fork 4,4)

Rivalisering av ønsket om å skape seg et navn - er fremdeles kjennetegnet på Babylons ånds natur

Bibelen forteller at da folk brøt opp fra øst, fant de Sinear-landet og "slo seg ned der." (1 Mos 11, 2)

Hver gang et fellesskap/en menighet slutter å bevege seg videre og "slår seg ned", kan man forvente at noe av Babylons natur vil reise seg. Daniels bok forteller oss også noe om innflytelsen fra Babylons filosofi. Du husker nok at Babylon beseiret israelittene og førte dem bort i fangenskap. Der ble Daniel oppfostret til å sitte sammen med kaldeiske vismenn og trollmenn som var kong Nebudkanesars rådgivere. Vi kan se denne ånden i tankegangen hos de babylonske prestene, da det ble krevd at de skulle vite det den allmektige visste. De sa: "Det kongen krever, er for vanskelig. Det er ingen andre enn gudene som kan fortelle kongen det han vil vite; men de har ikke sin bolig blant dødelige mennesker." (Dan 2, 11)

Immanuel - "Gud med oss"!
Vi kan gjenkjenne Babylons innflytelse i et folk (fellesskap/menighet) som **med munnen ærer Gud** som er langt borte, en guddom som ikke bor blant dødelige mennesker. Jesus derimot, Han er vår

Immanuel - "Gud med oss"! Selve kjernen i all kristendom er **Kristus i oss**, håpet om herlighet. Du finner Babylons ånd i en forsamling som ærer Gud i himmelen med munnen, uten å ha forhold i det hele tatt til Ham på jorden.

Babylons ånd skal ødelegges

Babylons ånd er overalt, den er rundt oss. I samfunnet generelt og i det kristne fellesskap spesielt. I Åpenbaringen leser vi om de som har gått på kompromiss med denne ånden: "… en kvinne som satt på et skarlagensrødt dyr. På hennes panne var det skrevet et navn: Babylon den store, mor til skjøgene." (Åp 17,3-5)

Se først etter **stolthet** når Babylons ånd skal avsløres: "La oss skape oss et navn." (Åp 17, 4) Se så etter **verdslighet**: "Kvinnen var kledd i purpur og skarlagen og lyste av gull og edelstener og perler … Til slutt vil du, der mennesker er, kunne drukne av begjær etter forlystelser, og se at "i hånden holder hun et gullbeger fylt av hedensk styggedom og all slags urenhet fra hennes utukt".

Slagkraft i åndens verden

Slagkraft i åndens verden

42

Hør Guds befaling

"Dra bort fra henne, **Mitt folk,** så dere ikke har del i hennes synder, og ikke rammes av hennes plager!" (Åp 18, 4)

Når vi kalles vekk fra Babylon, er det et kall til å bli lik Kristus. I den tiden vi lever, kaller Gud oss alle til ydmykhet, måtehold og renhet i hjertet. Gud vil ha et renset fellesskap/menighet, et legeme renset fra alt babylonsk festningsverk. Babylons synder vil fylles med plager; allerede nå er de begynt å komme over henne.

Slagkraft i åndens verden

sin store nåde **kaller Gud oss bort fra denne ondskap.** Åpenbaringen fortsetter med å si:

"… dyret skal komme til å hate skjøgen, legge henne øde og gjøre henne naken, spise hennes kjøtt og brenne henne opp med ild." (Åp 17,16)

Når som helst vi bestemmer oss for å leve sammen med djevelen, blir vi lagt øde og gjort nakne, og plaget av en ild som ikke kan kveles. Denne advarsel må høres av hver og en av oss som individer. I vårt hjertes helligdom må vi beslutte, at vi ikke skal gå på kompromiss med Babylon på noen måte.

Seiers-folket

Åpenbaringen forteller oss om et folk som ikke bare kom ut fra Babylon, men som også reiste seg som en hær mot henne. Under Herrens ledelse ble de et redskap for Guds dom over henne. Denne hæren sier om Babylons fall: "Fryd deg over hennes fall, du himler og dere hellige, apostler og profeter! For med Sin dom har Gud straffet henne for det hun gjorde mot dere (engelsk oversettelse: For Gud har dømt deres dom over henne)." (Åp 18, 20)

Johannes skriver her om de hellige apostlene og profetene i de siste tider; deres ord og renhet blir en kilde til dom over Babylons ånd! Gud vil faktisk dømme deres dom!

Vi skiller oss ikke bare fra Satan og demonene - vi erklærer krig mot dem

Herren Jesus ønsker ikke bare at vi skiller oss fra denne ånd, men også at vi skal gå til krig mot den. Det vil si: Når vi i ånd og karakter, ord og oppførsel enes med Guds Ord om rettferdighet, vil Gud legge Sin dom over ondskapen i vår munn!

Trohjerthet (mer enn trofasthet) og renhet

Trohjertheten og renheten i våre liv vil bli redskapet som binder Babylons makter og setter hennes fanger fri! Vår kamp er ikke mot kjøtt og blod, men mot mørkets makter som holder mennesker i fangenskap. Guds mangfoldige visdom blir gjennom fellesskapet/menigheten (Kristi legeme), kunngjort "for maktene og myndighetene i himmelrommet." (Ef 3,10) Før Jesus kommer igjen, vil Hans menighet reises opp til Hans standard på alle områder. (Ef 4,11-15) Det vil bli en hær som hater ondskap og elsker rettferdighet. En hær, som når den følger Kristus, tar initiativet til åndelig krigføring mot mørkets porter. (Krigføring som beskrevet tidligere i boken).

Uten denne standard - blir ikke Guds jobb nummer 1 gjennomført

Uten denne standarden på de kristne, vil ikke jobben bli gjort - evangeliet om Jesus Kristus til jorden ender, til hver tunge, stamme og ætt, til enhver skapning. Alle gjenfødte skal være krigere. Søk nær til Herrens hjerte, adlyd Hans misjonsbefaling, hiv deg på. Du blir en Kristi kriger - hvis du vil.

43

Kongenes Konge, Jesus vår krigerkonge
Når Jesus kommer tilbake, kommer Han
ikke tilbake som det "milde og saktmodige"
lam som ble korsfestet. Han kommer ikke
for igjen å bli ydmyket. Han kommer
tilbake og vil bli "lovprist av Sine hellige
og bli hyllet av alle som tror." (2 Tess 1,10)
Først skal Han opprette Sitt herredømme i
herlighet blant Sine hellige og åpenbares i
Sin kraft. (Åp 2, 26 Judas 14-15) Han
kommer tilbake som kongenes Konge og
herrenes Herre.

Slagkraft i åndens verden

Lammet kommer tilbake til jorden for å "tråkke vinpressen fylt av vredesvin, av Guds, Den allmektiges harme." (Åp 19, 15)

Den Hellige Ånd taler gjennom profeten Jesaja: "Herren drar ut som en helt, som en kriger vekker Han Sin styrke for fiendene." (Jes 42, 13)

Hører du vår Konges krigsrop? Det er kallet til å legge vekk alle Babylons avguder, og til å gå skjebnetimen i møte med stridslyst og vilje til å adlyde Kristus. Dette er jo fantastisk. Som det står skrevet i Salmen: "Ditt folk møter villig frem, den dagen Du mønstrer Din hær." (Salme 110, 3)

Hensikten er å likedannes med Jesu Kristi bilde, klar for oppgaven
Når vi nå nærmer oss slutten av denne tidsalder, er det avgjørende for oss å forstå at Guds hensikt er å likedanne oss med Hans Sønns bilde. Vi skal "i alle ting" vokse opp til den Hellige, til og med til Han som er høvdingen over Herrens hær! Framtidsutsiktene er fantastiske, så lenge vi holder oss i Kongens nærhet og adlyder Hans Ords befalinger til oss. Få evangeliet om Jesus Kristus, Guds levende Sønn, ut

med autoritet til alle jordens ender. En del
av den oppgaven er ditt kall. Når vi adlyder
den, er den sterke veksten i vårt åndelige liv
i gang.

Bedømme fiendes natur
I den åndelige verden er alltid navnet på et
åndelig vesen i overensstemmelse med dets
natur. Herren har mange forskjellige navn,
som viser forskjellige sider av Hans natur.
Hvert navn som åpenbares, har en dypere
mening av Herrens natur. (1 Mos 22,14   2
Mos 3,14) Herrens englers navn, forklarer
seg selv. Det er **et prinsipp om samsvar
mellom navnene og naturen** til åndelige
skapninger. Det gjelder også når vi skal
forstå handlingene og hensiktene til onde
ånder.

Lære å kjenne Satan og demonenes natur
For å kunne slå mørkets herskere hver gang,
må vi kjenne deres natur, så vi gjenkjenner
dem. Det er viktig å vite hva vi kan forvente
oss. Viktig å lære å kjenne deres taktikker.
Ja, også hvordan deres strategi tilpasses
våre svakheter.

La os se på uttrykket "uren ånd"

Dette er et uttrykk for alle demoner. De er alle urene, men dette er en samlebetegnelse på dem alle. **Engler og alle Guds ånder**, er alle **rene ånder.** Du behøver ikke kjenne alle disse **forskjellige plageånder**, som alle er **urene**. Har du en oppgave du går inn i her, vil du lære underveis. En liten innføring er bare bra. Men man må ikke henge seg opp i det. Det som da kan skje, er at du blir en teoretisk ekspert, uten et fnugg av erfaring - og stoltheten ligger på lur og venter på deg.

44

Vitnesbyrd
Til Afrika med koffert på hodet

Jeg gikk den harde veien i opplæring med Herren, når det gjelder alt med demoner, Satan og engler. Det er den veien du også må gå hvis du kjenner kall til en utfrielsestjeneste. Dette forstår du helt klart, når du leser bøkene mine. Der kommer overgivelsen til Kristus, og avleggelsen av kjøttets gjerninger veldig klart frem. Det er den "villighetens vei" du må gå. Hvis ikke blir din tjeneste en teoretisk tjeneste, som kan skape forvirring i stedet for forløsning

Slagkraft i åndens verden

hos andre mennesker. Det er verken du eller andre tjent med.

Da jeg kom til Afrika første gang, med pappkoffert hvor lokket hadde løsnet, da må kreative tiltak til. Jeg gikk inn i en butikk i Nairobi sentrum og spurte om jeg kunne få noe tau til kofferten. Mannen var blid som ei sol, og tau ble det. Etter å ha bundet tykt tau rundt kofferten, var det opp på hodet med den og av gårde bar det. Og hvilken koffert! Folk ropte etter meg noen swahiliord, pluss det ordet på swahili som betyr "hviting", nemlig "msungu". Jeg synes det var sjarmerende å få et slikt uttrykk slengt etter meg. For meg er det absolutt ikke rasistisk. Det var jo sant, jeg var jo en "hviting", en "msungu" - og det er jeg stolt av.

Tog hele natten fra Nairobi til Mombasa
Så var det av gårde med toget. Jeg fikk soveplass på øverste «hylle» i en kupe sammen med fem kenyanere. De var ikke hvite, de var svarte. Da vi ankom Mobasa, var jeg også svart! Vi hadde nemlig vinduet oppe for lufting. Det som da skjedde i hver tunnel, var at kullrøyken veltet inn.

Slagkraft i åndens verden

Dette var jo et godt, gammelt dampdrevet tog med kull.

Fra Mombasa til Malindi

Det tok to timer med "matato". Det er en eller annen type bil som kjører når den er overfylt - også på taket. Dette er Kenyas private «buss-transport». De kjører alltid alt de orker, gassen i bånn - og speilblanke dekk! Her sitter man på med livet som innsats. Jeg satt inneklemt mellom to muslimer i full burka. Da vi ankom Malindi, stoppet sjåføren utenfor noe som så ut som en mellomting av en gammel kafé og et lager. Det var helt mørkt, for det var sent på kvelden. Jeg gikk inn og spurte om de visste om noe overnattings-mulighet noe sted. Her var smilet på plass og han sa: "This is a hotell!" (dette er et hotell). Han ga meg et rom i bakgården som var helt mørkt, og katter og rotter løp over alt. Temperaturen var så høy, at jeg nok var et par kilo letter etter nattens varme.

Sukker og maur

Før jeg la meg var jeg inne for å ta en kopp kaffe, men i stedet ble det en lokal te-variant som kalles «chai». Det var te og sukker, mye sukker.

Slagkraft i åndens verden

Sukkerkoppen på bordet var overfylt av maur. Det var bare å slå koppen i bordet til mauren sank til bunns. Da tok jeg teskjeen, skrapte med neglen for å få av skitten på den, og tok litt sukker til teen. Etter teen var det bare å si «god natt».

Kakkelakker over alt

Da jeg våknet neste morgen og skulle stå opp, skvatt jeg til. For da foten traff gulvet, tråkket jeg på noen harde klumper under hele foten. Jeg kikket ned og så at hele gulvet var fullt av kakerlakker. Jeg fikk til slutt kommet meg inn i det de kalte en dusj, noe som er en historie for seg selv. "Dusjhodet" var en gammel, rusten vannkran høyt der oppe. Det var ikke mange dråpene i minuttet som kom ut. På veggen hang firfisler og så på meg.

Klar for å vinne mennesker for Jesus, helbrede syke og hive ut demoner i Jesu navn

Dagen etter traff jeg en familie som var kristne og fattige. De eide ingenting. Jeg ble med dem hjem, og de skulle lage festmat til meg av det lille de hadde. De hadde noen shilling, så de løp og kjøpte et hvitt brød og noen bananer.

Nå ble det fest, og jeg fikk «chai» med masse sukker, hvitt brød og banan. Bare jeg fikk hvitt brød. De var også forsiktig med å spise banan, for gjesten skulle få det beste. Senere på dagen var det min tur til å handle, og jeg kjøpte mange kilo ris, kjøtt og grønnsaker. Dagen etter ble det fest for konger i dette hjemmet. Fruen i huset lagde middagen, og de spiste så de nesten sprakk. Og det var ikke bra for magene deres, for de hadde ikke spist annet enn en type gress på lange tider. Men gleden var stor!

Nå skulle det bli møter

Far i huset ble organisator og møteleder. Borgemesteren ble også med på alle møtene. Vi fikk tak på et høyttaleranlegg og annonserte med jungeltelegrafen. Dette var en by med overvekt av muslimer og hinduer, men en del buddhister og noen helt få kristne var det også. Byens lege, en ung kar, ble frelst først. Han var med i arrangement-komiteen med en gang. Den besto av legen og mine to nye venner, mannen i huset og hans svoger. De var så stolte av at de hadde fått dette ærefulle oppdraget. Enda mer stolte ble de, da de skulle tolke meg fra engelsk til swahili.

Møter på bussstasjonen

Jeg hadde møter i fire dager. Etter det hadde jeg møter i en uke for dem som var blitt frelst. Folk av forskjellige religioner, syke og plagede av demoner, de var alle her. Jeg forkynte med tittelen «Forbannelse eller velsignelse - fra Satans makt til Guds makt». Mange ga sine liv til Jesus allerede i første møtet. Den første helbredelsen som skjedde, var også det første offentlige miraklet som noensinne hadde skjedd i denne byen.

Det første underet noensinne i Malindi

Det var en mann som var fullstendig blind, han fikk sitt fulle syn tilbake. Mennesker skrek, de gråt - og danset. Enda flere ville gi sine liv til Jesus. Demonene kom ut med høye skrik. Jeg verken tok på dem eller utfordret demonene i dem, de bare kom ut i Jesu navn – for jeg hadde inntatt territoriet for Jesus. Den Hellige Ånds kraft hadde makten. Her var det ikke snakk om salvelser til det ene eller det andre. Her var det heller ikke snakk om hvilken tjeneste du hadde. Det eneste det her var snakk om var: "Vil du ha Jesus som **Herre**?"

Slagkraft i åndens verden

Etter hvert lurte folk på akkurat dette. Da ga jeg bare ett svar og ingenting annet: «Jeg er en Jesu Kristi disippel, og Jesus ga disiplene autoritet til å helbrede syke og kaste ut demoner. Derfor skjer dette i mengder i møtene her». Da ble de stille.

Jesabels ånd til stede

En tysk misjonær sto litt i utkanten for folket og fulgte nøye med. Han likte ikke meg. Jeg fikk høre via omveier, at han sa jeg «ødela for hans misjon». Ser du infiltrasjonen av mørkets makter? Det glir så enkelt inn. Møtene fortsatte og ble sterkere etter som dagene gikk. Det **var,** og **er** seier i Jesu navn.

Kan du se det - alle utfordringene?

Her er litt av alle de utfordringene som møtte en ung mann som kastet seg på i Jesu navn. På denne kompakte reisen av utfordringer, opplevelser og prøvelser, får man prøvd seg og slipt seg i kjøttet. Hvis ikke først og fremst den fattige familiens forandring som skjedde, griper en og gjør noe med en, så er man hard som stein. **De opplevde å få sin verdighet tilbake i livet.** **De** ble et navn i byen, ikke bare noen som ventet på å dø. Dette gjorde like mye med

meg som med dem, bare på en litt annen
måte. Mitt hjerte myknet opp. Så alt som
skjedde i møtene: Helbredelser, mennesker
som ble satt fri fra demoner og masse
mennesker ble frelst - det var **Herren selv**
som var den som underviste meg her ute, i
praktisk utøvelse av evangeliet.

Ikke inne i "menigheten" - men ute der synderne er

Vil du gå med Gud, vil du være en disippel
av Jesus? Da sier Jesus til deg akkurat nå:
Kom la oss gå, den Hellige Ånds kraft er
med deg. Gjør det, du!
(Jeg kan fortelle dere historie etter historier,
jeg har ikke tall på hvor mange de er). Hva
vil jeg fram til? Det jeg vil vise deg her, er
hva 1 Korinterbrev 1,6 (1930 oversettelse)
sier:

"Liksom Kristi vitnesbyrd (martyrium) er
blitt rotfestet i dere. Så det ikke mangler
dere noen nådegave mens dere venter på vår
Herre Jesu Kristi åpenbarelse."

For å ta den reisen jeg her fortalte dere om:
Der møtte jeg den ene utfordringen etter
den andre, 23 år gammel, og hadde vært
frelst i litt over tre år. Hva kunne jeg? Ikke

Slagkraft i åndens verden

stort! Men jeg ville gå Jesu vei. Jeg ville gjøre det jeg mente Han talte til meg om i mitt sinn. Som sagt, så gjort. Og utfordringene kom da i kø!

Jeg tok utfordring for utfordring, en av gangen. Og jeg adlød det Herren førte meg inn i og tok lærdom av det. Det var hardt og vanskelig, mange ganger nærmest litt skremmende, men jeg bøyde aldri av. Det som da skjedde, litt etter litt, er hva bibelstedet forteller oss skal skje når vi handler på Guds Ord.

Martyrium

Martyrium betyr: «En som legger frem håndfaste bevis på at det han taler er sant». I utfordringene og prøvelsene, der ute i møte med Satan, demoner og alle de syke - søkte jeg Herren mer og mer. Da sa Hans Ord i min tanke: «Gå på, nå lærer du, du blir forandret». Da jeg **gikk på Guds Ord** under prøvelsene, med alle demoner, alle de syke og alle dem som ble frelst – da måtte mine røtter i meg selv, søke den Hellige Ånd. Den Hellige Ånd veiledet, underviste og beskyttet meg. Jeg søkte nær til Ham der i den aktuelle situasjonen.

Sterkere og sterkere i Herren

Etter som årene gikk, ble jeg sterkere og sterkere i Herren. Herren slapp meg akkurat så langt som jeg tålte, av trykk og press. Røttene søkte hele tiden etter vann, den Hellige Ånd. Det som da skjedde, var at jeg ble mer rotfestet. Kristi åpenbarelse var med meg overalt. Jeg forkynte evangeliet - og den Hellige Ånd åpenbarte Kristus gjennom Sitt nærvær. Helbredelser og utfrielser fra demoner skjedde hele tiden, overalt. Dette har fulgt meg helt siden jeg ble frelst. Gå ut i den demoniserte verden og **gjør Krist gjerninger** - og du vil bli mer rotfestet, mer istandsatt for oppgaven din enn noen gang. **Det vil koste deg alt, men det er livet!**

45

Flere vitnesbyrd fra verden rundt
De følgende vitnesbyrdene er kampen i
åndens verden som materialiserer seg i den
fysiske verden. Gir ikke kampen i åndens
verden seg utslag i den fysiske verden, er
det ikke kamp i ånden - da er det din sjel
som fantaserer. Da behøver ikke Satan,
demoner eller Gud å være innblandet - kun
dine egne fantasier og ønsker.

**Åndens skapninger i den åndelige verden
styrer alt.**

Slagkraft i åndens verden

Den skjulte verden
Da jeg ble frelst februar 1973, skjedde det
noe mer med meg enn «bare» det at jeg ble
født på ny og døpt i den Hellige Ånd (uten
tungetale, den kom en måned senere). Jeg
forsto ikke hva annet som hadde kommet
over meg, før flere år senere. Da forsto jeg
at det var den himmelske støtten jeg var
avhengig av i tjenesten for Jesus, som
hadde kommet over meg i gjenfødelsens
øyeblikk. Dagen etter at jeg ble frelst,
begynte jeg å be for syke. Og på en underlig
måte, uten kunnskap om saken, begynte jeg
å be for mennesker til utfrielse fra onde
ånder. Jeg ante ingenting om dette. Det
begynte forsiktig. Da jeg hadde vært frelst i
ett år, var jeg nesten ferdig med Bibelskolen
"Troens Bevis Bibel- og misjonsinstitutt" i
Sarons Dal, som ble grunnlagt og drevet av
evangelist Aril Edvardsen. Der kom jeg mer
inn i oppgavene fra Gud for menneskers
frelse, helse og utfrielse.

Tre kvelder, pluss en kveld. Vinteren
1974, på Bibelskolen i Sarons Dal,
opplevde jeg noe merkelig. Tre kvelder
etter hverandre, da jeg gikk fra skolebygget
opp dit jeg bodde (som var underetasjen i
rektorboligen), opplevde jeg at det var noen

Slagkraft i åndens verden

som fulgte med meg. Den fjerde kvelden jeg kom inn på rommet og gjorde meg klar for natten, skjedde det noe: Mens jeg satt på sengekanten, åpenbarte det seg en skikkelse som sto og kikket på meg ved døren. Det var en skikkelse i manns størrelse med lang, mørkebrun, lodden pels.

Den sto og stirret på meg. Dette var første gang jeg så en demon. Det var ikke en fysisk skikkelse som kunne tas på, men den så slik ut. Jeg befalte den å gå, og jeg ropte på Jesu blod! Men den bare sto urørlig. Jeg sto oppreist og kikket tilbake på den - plutselig var den borte. Etter dette, samme sene kveld, hadde jeg et syn som varte over en time. (Jeg skriver ikke noe om det her, for det passer ikke helt inn i det vi nå snakker om).

Satans tanker og demonene ville skremme meg, fordi han skjønte hvilken oppgave jeg var på vei inn i. Han forsto det mer enn meg. Glem aldri at den suverene seieren i Kristus, er vår i Jesu navn!

Over hele verden med evangeliet
Etter å ha vært frelst i 3 år, begynte mine reiser over hele verden, med evangeliet om Jesus Kristus.

Det var liten forståelse å møte når det gjaldt denne type misjonsvirksomhet, bortsett fra noen få venner. Men det holdt. Fordi situasjonen var slik, var det så viktig å bli grunnfestet i Guds Ord, først som sist. Det er Kristus vi tjener og står til ansvar for, ikke mennesker. Dette forsto jeg raskt, og handlet deretter.

De ble ikke trodd de rapportene jeg kom hjem med. Det ble liksom litt for mye av det gode. Det er jo vantroens vesen. Men det gode er at vi skal stå til regnskap for Gud, ikke for mennesker! Jeg hadde allerede i flere år reist i Asia og Afrika, og opplevd Guds mirakuløse tilstedeværelse over alt hvor jeg kom og hadde korstog. Jeg hadde folkemengder på opp til 100. 000 på enkeltmøter allerede som 30-åring. Det er ingenting av dette som gjør seg selv. Man **må satse målbevisst for Herren,** tro Hans Ord, tro at Han leder. Tror man det, så **legger man opp løpet etter det man tror.**

Økonomi må skaffes

Økonomi må skaffes, ofte store summer. Jeg har arbeidet og tjent opp til å dekke omtrent alle utgifter i alle år. Dette er en hard side av tjenesten, pluss alt det man gjør av praktiske ting for evangeliets utbredelse.

Slagkraft i åndens verden

Man blir automatisk uglesett og mistrodd av vantroens folk. De som ikke har hjertet og troen i det fulle evangeliets kraft, blir ofte motstandere av forsoningsverkets proklamasjoner. Det er jo i jantelovens natur.

De døve hører

At døve fikk hørselen tilbake, var det første jeg opplevde som kristen. Dette begynte å skje bare noen uker etter jeg ble frelst og har fulgt meg siden den gang.

"Men da Jesus så folket løp til, truet Han den urene ånd og sa til den: Du målløse og døve ånd! Jeg byr deg: Far ut av ham, og far aldri mer inn i ham!
Da skrek den og slet hardt i ham, og for ut av ham. Og han ble som død, så de fleste sa: Han er død. Men Jesus tok ham ved hånden og reiste ham opp, og han stod opp." (Mark 9,25-27)

Vi forstår her at sykdommer er demoner, eller onde ånder/urene ånder. Alt vi forholder oss til i livet er av åndelig karakter og styring. Alt på jorden i den tredimensjonale verden, den fysiske verden - styres fra det usynlige, fra den skjulte

Slagkraft i åndens verden

verden for det menneskelige øyet, den åndelige verden.

De falt i gulvet alle sammen

Jeg husker tirsdagsmøtene på "Ten Centeret" i Totengata (Knivstikkergata) på Kampen/Galgeberg i Oslo, hvor jeg hadde de fleste ettermøtene. De forsto at Herren hadde lagt noe på meg. Jeg hadde bare vært kristen noen måneder på dette tidspunkt (1974). Det var en del som ble helbredet også over telefon i den perioden. Men på Ten Centeret ba jeg ofte for mennesker til dåpen i den Hellige Ånd. Alle som var til stede, falt i gulvet under den Hellige Ånds kraft. Det kunne ha vært en rundt 20 stykker som lå utover gulvet. Dette var ukjent opplevelse for alle den gangen, men tidligere i historien ser vi at det har skjedd.

Store flammer av ild oppover veggen

Ved en anledning så vi også flammer av ild oppover hele den ene veggen under bønn. Dette var manifestasjoner av den Hellige Ånd. Det hadde ingen praktisk betydning, men **Herrens nærvær var der!** Er det ikke det vi trenger i full styrke nå?

Slagkraft i åndens verden

Satan-tilbedere i Stavanger

Her kom jeg første gang i kontakt med satanister. En ung kvinne som hadde vært i et satanistmiljø der i byen noen år, kom til meg. Hun sa hun hadde vært satantilbeder og ønsket å bli fri fra det. Dette igjen var en helt ny opplevelse for meg. Vi ble enige om å møtes på en parkeringsplass samme kveld. Dette var på høsten 1975. Mørket hadde satt inn, da jeg kom til parkeringsplassen.

Flammeringen

Det var lite biler på parkeringsplassen og det var helt stille. Plutselig dukket den unge kvinnen opp, og jeg gikk bort til henne. Uten varsel kom en flammering rundt henne og meg! Den hadde en radius på vel 4 meter ut fra der vi sto, og var 30 cm høy rundt det hele. Vi var på en måte fanget innenfor denne flammesirkelen! Jeg forsto at Satan forsøkte å nå meg med frykt. Men jeg befalte flammeringen å forsvinne i Jesu navn - og den forsvant øyeblikkelig!

Demonutdrivelse

Vi gikk av sted til et lokale hvor en venn av meg ventet, og vi skulle be for kvinnen der. Dette var første gang jeg skulle gjøre det.

Slagkraft i åndens verden

Jeg gikk rett på sak og befalte de onde ånder å komme ut! Kvinnen falt øyeblikkelig i gulvet og talte fremmede språk. Jeg gjenkjente noen av språkene hun talte. Satan prøvde å slite meg ut ved å si at han gikk, men så var han der likevel. Men vi ga ikke opp. Så etter noen timer var kvinnen fri!

Utdypning
Flammeringen var en helt konkret og spesiell manifestasjon, som lett går i Jesu navn. Dette er manifestasjoner som ikke er i mennesket, men utenfor. Derfor er den enklere å ta hvis den som utfører det er grunnfestet i Ordet, i Ånden, lever overgitt til Kristus - og lever i erfaringen av det overnaturlige. Gjør man det, så kjenner demonene vedkommende personer, og Kristus i dem - og går. Saken er jo å **leve et overgitt liv i en levende tro til Kristus**. Demonen «pyton» i kvinnen med spådomsånden, visste at slaget var tapt, men ønsket kun å vise litt profil.

Satantilbederne: De døde får liv
Da skjedde det neste. Plutselig kom flere menn inn døren og sa med monoton stemme: «De døde får liv».

Slagkraft i åndens verden

Da reiste kvinnen seg opp og løp bort til dem, og de gikk av sted. Jeg ventet litt, men gikk så etter, og tok dem igjen litt lenger nede i gaten. Da sa en av satantilbederne: "Har du ild?" Jeg svarte ikke på spørsmålet, men la hånden på kvinnen. Hun falt rett i bakken. Da løp satanistene! Jeg løftet kvinnen opp. Siden den dagen har denne kvinnen vært frelst.

Mitt første møte med Satan og onde ånder i Afrika

Som 22 åring, hadde Herren allerede undervist meg mye gjennom praktiske erfaringer og studier av Bibelen, om helbredelse og utfrielsestjeneste. Så på en måte var jeg litt forberedt for mitt første møte med Afrika, som var i Meru, Kenya. Dette ble starten på min verdensvide tjeneste, som ikke stopper før jeg reiser hjem til Herren.

Ilddåpen, tjenesten

Jeg gikk ut på plattformen der rundt 1000 mennesker var til stede, med en liten «preken» (på en lapp) jeg kalte: "Kraften i Guds Ord." Jeg talte så godt jeg kunne. Etter talen ba jeg for alle syke på en gang. Da, uten varsel, begynte de onde ånder å

Slagkraft i åndens verden

manifestere seg i mennesker rundt i folkemengden. Mange ble fri bare **ved å være i den Hellige Ånds nærhet.** Og **nær en tro på den kraften** som er i den Hellige Ånd, på grunn av hva Kristus gjorde for oss på Golgata. Det er visse ting som må være på plass, for at manifestasjonene og reaksjonene fra Satan og de onde ånder, skal komme: **Aktiv tro på det fullbrakte verket Kristus gjorde, er nøkkelen til den Hellige Ånds tilstedeværelse og manifestasjon.** Tre år tidligere hadde ikke frelsen, eller et liv som kristen, vært i mine tanker i det hele tatt. Livet mitt hadde sannelig blitt nytt! Etter dette første møtet, ble det mange møter rundt om i Øst-Afrika i en hel måned. Over alt skjedde det samme: De onde ånder kom ut uten at jeg la hendene på mennesker, eller ba spesielt for dem. **Troen på den Hellige Ånds krafts nærvær og Guds Ord, Bibelen, brakte resultatene.**

"Grunnfestet og rotfestet i Meg"
Herrens virkeligheter ble bare sterkere og sterkere gjennom personlig erfaring av at Bibelens løfter fungerer. I et av møtene med 400 mennesker til stede, ba jeg også en bønn for alle under ett.

Slagkraft i åndens verden

Da falt hele forsamlingen til bakken, og
onde ånder kom ut av mange plagede. Her
kom også de første engleåpenbaringene,
som det også har vært en del av. Nå hadde
jeg begynt å oppleve noe av det Nye
Testamentets virkeligheter. Og jeg var klar
for mer.

Utdypning

Dette er en mer standard åndelig opplevelse
ved proklamasjonen av Jesu forsoningsverk.
Da kommer gjerne demonene ut før jeg
begynner å tale. Det er ikke en demon som
kan stå seg imot Jesu Kristi forsoningsverk
og med trykk på Jesu Kristi dyre blod. De
må ut, selv om de ikke vil. De er som små
barn, de vil ikke gi seg, enda de vet de må.

Demonene trekkes til møtekampanjene

Autoritet kommer med åpenbaringen av det
skrevne Guds Ord, Kristus i deg.
I møtekampanjer er det interessant å se
hvordan demonene reagerer. De trekkes til
kampanjene som fluer til fluepapir. Jeg får
alltid trusler, verbalt (levert til
medarbeidere) fra heksedoktorer og andre
som er plaget eller involvert med Satan og
demoner. Trusselbrev har også blitt
overlevert på kampanjene og til hoteller jeg

har bodd på. Mordtrusler har også kommet. Og steining. Når jeg proklamerer budskapet om Kristus på kampanjer, samles de demonplagede alltid **bak** plattformen (bare noen få foran plattformen), jeg aner ikke hvorfor. Jeg har stoppet midt i taler, gått bak plattformen og kastet ut demoner - og så gått tilbake og talt videre.

Demonbesatte og **bundne** av demoner, som det er absolutt mest av, samles alltid. De tiltrekkes av den Hellige Ånd. Det er en underlig ting. De besatte/bundne kommer med trusler, men de kommer også med ros og skryt. Så de er veldig ofte helt forvirret, og prøver ved hjelp av frykt å få et overtak. Husk, det er vi med troen på Kristi kraft som har seieren - alltid! Det er rart å se at ånd kaller på ånd, selv om den ene er Satan og de onde ånder. Vanndyp kaller på vanndyp. (Salme 42,8)

Heksedoktorer
De to forskjellige typer heksedoktorer. Den ene typen er den som driver med urtemedisin og leser sine besvergelser over det. Det er hva jeg kaller "light doktoren." Den andre typen er av litt tyngre kaliber. Det er de som lever i naturreligionen hvor

de tilber stokk og stein, bokstavelig talt. Når de tilber, **åpner de sitt indre menneske, sin ånd, for andre makter,** og Satan og demonene introduserer seg selv for dem - og de blir besatt. Husk: **Det er bare oss med vårt viljeliv som kan slippe noe inn i vår ånd!** Vil vi ikke ha noe inn der, så kommer det ikke inn! Du bestemmer.

Besettelse, bundethet og undertrykkelse
Her snakker vi om besettelse (sette seg) i menneskets ånd. Ikke bundethet i personlighetens/sjelens område, hvor manipulasjonen av tanker og følelser er. Heller ikke i området for undertrykkelse, som er angrep utenfra mot sjel/personlighet. En sykdomsånd er igjen en litt annen variant. Her er det snakk om en besettelse (sette seg på), infiltrasjon av legemet fra yttersiden og inn.

Sitron med pinner i
Djeveltilbedende heksedoktorer har mange forbannelsesvarianter som tar livet av mennesker. Jeg nevner her en som viser vår suverenitet **i Kristus Jesus.** Han er den som har seiret for evig over Satan og de onde ånder. Paktens blod, Jesu dyre blod er vårt paktsblod, som viser den evige seier Kristus

vant for dem som har Han som Herre i sine liv. Når heksedoktorer vil ha noen eliminert/drept, bruker de noen ganger denne metode: De stikker 6 pinner inn i en sitron og legger den utenfor huset til den de vil drepe. Så leses det besvergelser over sitronen, sitronen løfter seg fra bakken og begynner å sirkle rundt huset hvor offeret bor. Sitronen kan ikke gå inn i huset, den venter til offeret kommer ut. Da skyter den fart og dytter bort i vedkommende og personen faller død om. Dette har også vært forsøkt mot misjonærer. Sitronen har skutt fart mot misjonærene, truffet dem og falt til bakken. Misjonærene merket ingen ting, bortsett fra at de så en sitron på bakken med pinner i. Det er seier i Jesu Kristi blod for oss, når Jesus er vår Herre!

Brev fra og oppmøte av heksedoktorer

Noe som alltid skjer på kampanjer i Afrika er at heksedoktorer kommer på møtene. De holder seg på lang avstand, og oversender meg brev via mellommenn. Brevene blir levert der jeg bor, eller rett til meg på plattformen i møtene. Mine medarbeidere har fått stukket til seg mange slike brev. Dette er en underlig sak, men slik er det, ondskapens åndehær trekkes dit Åndens kraft åpenbarer Seg.

I Morrogorro sto 3 heksedoktorer på god avstand fra korstogsplassen. De hørte talen min til de 10 000 fremmøtte. En av mine medarbeidere gikk over til dem, og de ga ham en trussel som skulle overbringes meg. Det var: "Hvis den mannen ikke stopper å tale, vil vi la en **vannflom** komme over hele området. Alle vil drukne i vann." Jeg fikk beskjeden og fortalte den til folkemassen. Da ble det helt stille. **Byen var i kontroll av 7 heksedoktorer som bodde på fjellet bak oss!** Dette viste Gud meg i et syn natten før møtet, så jeg var ikke overrasket. Jeg sa til folket: "Ja, det kommer en flom i kveld, men det er **en flom av den Hellige Ånds kraft til frelse, helbredelse og utfrielse fra ondskapens åndehærer.**" Så gikk jeg inn i avslutningen av møtet - og det brøt igjennom til full seier! Alle ville ha amulettene og besvergelsene gjort maktesløse i sine liv, i familien og i sine hus.

Utdypning
Mange kristne har en sterk **teoretisk tro** på Herren, den faller i første sving når en konfrontasjon kommer.

Slagkraft i åndens verden

Jeg husker en kristen som absolutt ville reise til India på misjon. Jeg hadde allerede reist der i mange år og mye angående mine reiser og opphold der var vel kjent. Vedkommende skulle dra av gårde og forsøke det samme. Men saken er den - i Guds rike **prøver** vi ikke, vi **tror med overbevisning i vårt hjerte.**
Vedkommende kom raskt hjem igjen fra India, og måtte på et lengre opphold på en psykiatrisk klinikk.

"Alt det som er født av Gud overvinner verden. Og dette er den seier som har overvunnet verden, vår tro." (1 Joh 5,4) La det seirende livet bli født, vokse og komme til modenhet.

Hus-rensing og brenning av amuletter

Jeg ble enig med de fremmøtte at vi skulle ha en" hus-til-hus-rensing." Alle hadde amuletter fra heksedoktorer hengende over inngangsdøren. Jeg og teamet tok runder og renset opp, ba, fjernet og brant amuletter på bål, i Jesu Kristi navn. Et sterkt feste i den åndelige verden over byen, var brutt. Folk over hele byen begynte selv å ta ned amulettene med besvergelser, som de hadde over husdørene.

Slagkraft i åndens verden

Utdypning

Det er ikke bare i den tredje verden man trenger å få renset husene for avgudsamuletter. Det er **like mye i den vestlige verden**, men av en litt **annen karakter**. Det er mange ting som kan binde oss, hindre oss - og det igjen åpner døren for demoner. Det kan være såkalte «uskyldige» ting. Men at det ødelegger for våre liv, er helt klart. Vi må forstå at der er en åndens verden rundt oss hele tiden som ønsker å komme i posisjon for å ødelegge oss.

Slagkraft i åndens verden

46

En refleksjon til slutt

Du må gå veien
Med denne boken ønsket jeg å lede deg inn
i et liv i den Hellige Ånd. Og ikke bare det,
men også inn i et liv i den åndelige verden.
Jeg har tatt deg med så langt som jeg skulle.
Fra her boken slutter, ser du nå veien
videre. Nå er det "bare" for deg å gå den.

Vi trenger Kristi krigere med åndelig slagkraft

Jeg ser vi trenger Kristi krigere, sterke Kristi menn, mer enn noen gang i historien. Det har aldri vært slike sataniske og demoniske angrep på Jordens befolkning, som det er nå i dag. Derfor må vi se vårt ansvar som gjenfødte kristne. Vi må kle på oss vår åndelige rustning og gå opp på barrikadene.

Skyv til side alle åndelige opplevelser du har hatt eller har hørt om, eller sett gjennom andre. **Det er deg det gjelder**. Det er **deg** Herren personlig vil ta tak i og gjøre noe med - hvis du vil bli forvandlet. Jesus vil lede deg den vei du skal gå. Ikke alt og alle rundt deg skal lede deg, men Jesus personlig.

Krigen om virkeligheten er i gang, kampen i den åndelige verden. Gjennombrudd og slagkraft i åndens verden.

Jeg tror at du, etter å ha lest denne boken, vil se på den som en veiledningsbok, en oppslagsbok i din videre vandring i den fysiske og den åndelige verden. La hele denne bokens budskap få bringe deg inn i

Slagkraft i åndens verden

dypet i den åndelige verden. Slik at Åndens verden og fellesskapet med Herren der, kan være et nært og kjært sted for deg. Dette vil påvirke hele ditt fysiske/materielle liv i hverdagen. Du vil bli sensitiv til den åndelige verden, som alltid er rundt deg. Livet blir mer spennende enn du noen gang kunne tenke deg. Det er fantastisk, vi kan ha det usynlige for øyet, ikke det synlige. Vi lever bevisst i 2 verdener samtidig, akkurat som Jesus beskrev det, da Han sa: «Er det ved Guds Ånd jeg driver ut de onde ånder, da har himmelens rike kommet til dere». Forsoningen og blodets betydning, som jeg også har tatt med, er viktig for deg å ha som det bærende seiers-fundamentet. Det er dette fundamentet, som gjør deg til den legale giganten i den åndelige verden. Før hver kampanje jeg har hatt, sørger jeg alltid for å ta en sjekk på mitt eget liv. Jeg ser etter at alt er i orden med meg, takker Jesus for at Hans blod er min beskyttelse. Når det er gjort, kan jeg med stor frimodighet gå ut på plattformen. Jeg vet at i meg selv er jeg ingenting, men med den sanne giganten, Jesu Kristus som er i meg, og arbeider gjennom meg, slik Han også er i deg. Da vil vandringen med Herren fungere, og den unike oppgaven Han har for deg.

Slagkraft i åndens verden

Stakkars kyllinger

Jeg hadde flere dager TV programmer og
møter i menigheten til Dr. Lester Sumrall i
South Bend, Indiana på 80 tallet. Vi snakket
i et av programmene om denne turen min til
Nord India. Det eneste han hadde å si om
mat udelingen, litt spøkefullt var: Stakkars
alle de kyllingene som gikk med til maten.

Feed the hungry

Lester Sumrall hadde i en stor del av sin
tjeneste, et stort "feed the hungry" mat
prosjekt gående. Han hadde egne lastefly
som transporterte mat til kriserammede
områder i Afrika. Der var han også med
personlig. Det siste broder Sumrall gjorde i
sin tjeneste, før han reiste hjem til Herren,
var en tur til Afrika med lastefly fullt av
matvarer.

Dr. Lester Sumrall sa til meg en dag på kontoret i menigheten i South Bend:

Tom, i årene fremover, blir det større
demonisk og Sataniske angrep på planeten
Jorden, enn noen gang i historien. Det har
bare eskalert siden Jesus vant seieren på
Golgata. Englene vil være med deg flere og
mer enn noen gang. På et av møtene reiste
han seg opp etter jeg var ferdig med å tale

Slagkraft i åndens verden

og sa: Tom, du er blant de som Tommy
Hicks profeterte om.

Tom Arild Fjeld har reist over hele verden og forkynt evangeliet siden han var en ung mann. De siste årene har han skrevet mange bøker, som nå kommer ut etter hvert. Aktuelle bøker for den tiden vi lever. Han holder møter og har undervisning. Følg med på sosiale medier, kristne TV-stasjoner og aviser.

Vil du være med og støtte tjenesten økonomisk eller bli en praktisk partner?
Følg sidene www.BrotherTom.org ,
Tro & Visjon på Facebook og
www.twitter.com
Ta kontakt på Facebook eller
www.tomarildfjeld@gmail.com
Misjonsmenigheten Tro & Visjon
Konto nr. 0532.37.94229

Slagkraft i åndens verden

Slagkraft i åndens verden

Slagkraft i åndens verden